우리나라 첫 번째 신부
김대건

우리나라 첫 번째 신부
김대건

신영란 글 | 나수은 그림

주니어김영사

차례

이야기를 읽기 전에 + 6

김대건 신부의 탄생 + 10

신앙으로 큰 아이 + 20

마카오 조선 신학교로 + 34

오래도록 아픈 이별 + 49

상처를 딛고 한 걸음 더 멀리 + 60

우리나라 첫 번째 신부, 김대건 + 80

그렇소, 나는 천주교인이오 + 103

김대건의 순교 + 115

작가의 말 + 128
신념의 힘

김대건 연표 + 130

이야기를 읽기 전에

1984년 5월 3일.

요한 바오로 2세 교황이 한국 김포 공항에 도착했다. 교황은 비행기에서 내려 땅에 엎드리고선 입을 맞추며 이렇게 되뇌었다.

"순교자의 땅이여! 순교자의 땅이여!"

종교적 신념을 지키기 위해 자신의 목숨을 바친 사람을 순교자라 한다. 역사상 최초로 한국을 방문한 요한 바오로 2세 교황은 그해 여의도 광장에서 103인의 순교자를 성인(聖人)으로 선포했다. 그 당시 교황을 보려고 광장을 가득 메운 인파가 무려 백만 명에 달했다.

천주교에서 성인이란 '거룩한 사람'을 뜻한다. 올해 탄생 이백 주년을 맞이한 김대건 신부는 1846년 9월 16일 순교하여

우리나라에서 열 번째로 성인에 올랐다. 한국 최초의 천주교 신부이며 지금까지도 전 세계에 있는 천주교인들에게 사랑받는 성인이다.

한강변에 위치한 절두산에 가면 우뚝 선 김대건 신부의 동상을 볼 수 있다. 해질 무렵 노을이 아름답기로 유명한 이곳은 우리나라의 대표적인 천주교 성지로 꼽힌다.

절두는 '목을 베다'는 뜻으로 근처에는 새남터(조선 시대에 사형을 집행하던 곳)가 있다. 조선 후기 열 명의 외국인 사제를 포함해 열한 명의 한국인 성직자가 새남터에서 공개 처형되었

다. 성직자가 아닌 일반 신도들은 서소문 밖 네거리에서 참수되어 한강에 버려지기도 했다. 희생된 천주교인의 숫자가 얼마인지 정확한 기록이 남아 있진 않지만 박해가 절정을 이룬 흥선 대원군 시기에만 장장 팔 년 동안 무려 팔천 명이 순교했다고 한다.

이 아름다운 한강변에서 대체 무슨 일이 있었던 걸까?

김대건 신부의 탄생

1821년(순조 21년) 여름.

충청남도 당진 솔뫼마을, 김택현의 집에서 한 남자아이가 태어났다. 첫 손자를 병으로 잃은 후 삼 년 만의 경사였다. 대문엔 붉은 고추와 숯으로 엮은 금줄이 내걸렸다.

"호적 이름은 '대건', 아명은 '재복'이 어떠하냐?"

"고맙습니다, 아버님! 그럼 이 아이가 성년이 될 때까지 재복이라고 부르겠습니다."

아들 내외는 김택현이 지어 준 이름을 무척 마음에 들어했다. 갓 태어난 아기도 제 이름이 마음에 들었는지 방긋방긋 웃

었다.

솔뫼마을은 충청도에서 가장 살기 좋은 내포(충청남도 서북부 지역)에 자리 잡고 있었다. 바다와 육지가 어우러져 해산물이든 농산물이든 먹거리가 풍부한 지역이었지만, 김택현네 가족은 마을에서 제일 가난한 축에 속했다. 집이라고 해 봐야 다 쓰러져 가는 초가집에 김택현의 작은아들까지 여섯 식구가 함께 살았다.

"멀쩡한 양반집 자손들이 어쩌다 저 지경이 됐을꼬?"

"다 부모 잘못 만난 죄지. 그 양반이 하필 천주학쟁이가 될 줄 누가 알았겠냐고."

"혹시 이 집 자손들도 천주교를 믿는 게 아닐까?"

"에이! 신유년 때 집안이 풍비박산 났는데 설마 아직도 정신을 못 차렸을라고?"

마을 사람들이 김택현의 집을 흘끔거리며 수군댔다. 군수를 지낸 김택현의 부친은 순조가 즉위하던 신유년, 해미 감영(조선 시대 감청)에서 숨을 거두었다. 천주교인으로 체포된 지 십 년 만의 일이었다. 이듬해에는 동생 한현과 장인 이존창이 각각 대구와 공주 감영에서 순교했다. 친가와 처가의 재산은 전부 몰수당했고 신분은 평민으로 강등되었다.

천주교는 선왕인 정조 때 북경에 다녀온 실학자들을 통해 조선 땅에 들어왔다. 신분에 차별을 두지 않았기에 양반이 중심이 되던 조선 사회에서 처음부터 반발이 심했다. 그러던 어느 날 전라도 진산 고을에 윤지충이란 선비가 모친의 장례를 천주교식으로 지내면서 위패(죽은 사람을 모시는 나무 패)를 불사른 사건이 일어났다. 조선에서 이런 행위는 용서받지 못할 패륜이었다. 결국 윤지충은 참수되어 전주 남문 밖 네거리에 목이 내걸렸다.

정조는 비교적 천주교에 관대한 군주였다. 하지만 선왕인 영조의 계비 정순왕후를 중심으로 한 반대 세력은 윤지충 사건을 빌미로 줄기차게 정조를 압박했다. 1801년 정조가 죽고 순조가 11세의 나이로 즉위하자 정순왕후 수렴청정(어린 왕이 즉위 시 왕대비나 대왕대비가 대신 국정을 하는 일) 시대가 열렸다.

이 무렵 온 나라가 발칵 뒤집힐 만한 사건이 벌어졌다. 황사영이라는 교도가 군대를 파견해 조선의 천주교 박해를 멈춰 달라는 편지를 청나라에 보내려다 발각된 것이다.

이후 정순왕후는 이른바 오가작통법을 선포해 전국에 천주교인 체포령을 내렸다.

> **오가작통법**
> 만일 앞 뒤 양 옆 네 집 가운데 한 집이라도
> 천주교인이 나오면 다섯 가구를 한통속으로 몰아
> 대역죄로 다스릴 것이다.

조선 팔도에 방이 나붙었고 삼백여 명의 신도가 참혹한 고문 끝에 목숨을 잃었다. 이때 죽은 조정의 천주교인 대부분이 정조의 충신들이었다. 정순왕후는 반대파를 숙청하기 위한 수단으로 천주교 박해를 행한 것이다.

당시 국내에 은밀히 들어와 있던 중국인 선교사 주문모 신부가 더 큰 희생을 막고자 의금부에 자수했으나, 결국 한강 새남터에서 참수당해 목이 내걸렸다. 신유년에 일어난 이 사건을 신유박해라 한다.

그로부터 이십 년의 세월이 흘렀지만 여전히 천주교인은 대역 죄인 취급을 받았다. 솔뫼마을에서 김택현 집안의 내력을 모르는 이는 없었다. 고을 현감은 툭하면 포졸들을 거느리고 와서 식구들을 못살게 굴었다. 재복이 태어난 지 며칠 되지도 않은 날 현감은 또 한껏 거들먹거리며 나타났다.

"천주학쟁이 피가 어디로 가겠나? 진작에 씨를 말렸어야 했는데."

김택현의 눈에서 불꽃이 튀었다.

"대문에 금줄 친 거 못 봤소? 썩 물러가시오!"

특별한 용무가 아니면 관리들도 최소한 삼 주 동안은 금줄이 쳐 있는 집에 출입을 삼가야만 했다. 김택현의 호통에 현감이 움찔했다.

"하긴 뭐, 오늘만 날인가?"

현감은 골목을 돌아 나가면서 의미심장한 말을 남겼다.

김택현은 사태가 심상치 않다고 느꼈다. 요즘 들어 현감의 마을 출입이 부쩍 잦아진 터였다. 집집마다 돌아다니면서 무슨 말을 했는지 평소 왕래가 없던 사람들까지 찾아와 정탐하기도 했다. 집안 깊숙이 숨겨 둔 성모상과 천주교 서적이 발각되기라도 하면 온 가족이 몰살을 당할 판이었다.

어느 캄캄한 밤, 김택현은 식솔들을 데리고 솔뫼마을을 떠났다. 딱히 정해진 목적지가 있는 건 아니었다.

"사람 많은 곳이 안전할 것 같긴 합니다만, 아버님 생각은 어떠신지요?"

"그게 좋겠구나."

김택현은 큰아들의 의견을 따라 서울로 목적지를 잡았다. 가족들은 밤중에 산길로 이동하다 낮에는 숲속 동굴에 숨어

지냈다. 그러다 또 날이 어두워지면 다시 북쪽으로 향했다. 어린 재복은 피난길 내내 어머니 품에서 아버지 품으로, 다시 삼촌 품에서 할아버지와 할머니 품으로 옮겨 다녔다.

하지만 갖은 고생 끝에 당도한 서울 역시 안전한 피신처는 못 되었다. 새벽녘에도 포졸들이 눈에 불을 켜고 돌아다니고 있었다. 천주교인을 잡아들이기 위해 의금부에서 내보낸 포졸들이었다. 서대문 밖에는 참수당한 천주교인의 시신이 거적에 덮인 채 네거리에 놓여 있었다. 의금부에서 내건 섬뜩한 푯말이 땅바닥에 꽂혀 있었다.

허락 없이 대역 죄인의 시신을 옮기는 자는 천주교인이라 여기고 똑같이 참수할 것이다.

김택현네 가족은 다시 남쪽으로 피난을 떠났다. 경기도를 몇 바퀴 돌아 마지막으로 자리 잡은 곳은 용인 한덕골이었다. 첩첩산중 깊숙이 있는 한덕골에는 박해를 피해 숨어든 천주교인들이 얼기설기 움막집을 짓고 살았다.

"여기까지 오시느라 고생 많았습니다, 교우님들!"

교우들이 김택현 가족을 반갑게 맞아 주었다. 양반 신분인 이들도 더러 있었지만 대부분 평민에 속한 이들이나 남편을 잃은 과부들과 그에 딸린 자식들이었다. 개중에는 대궐에서 도망친 궁녀와 원치 않는 결혼을 거부하고 신앙생활을 택한 양반 가문의 여성들도 있었다.

그날 저녁 김택현의 움막집에서 조촐한 환영식이 열렸다. 교우들이 만든 음식 덕분에 밥상이 한결 푸짐해졌다.

"저희는 충청도 솔뫼마을에서 왔습니다. 아내는 세례명이

멜라리아입니다. 장인어른이 내포의 사도(천주교의 주요 의식을 거행하는 사람)로 활동하실 때 영세(천주교회에서 세례를 받는 일)를 받았지요."

김택현이 남들 앞에 부인의 세례명을 내세운 건 이때가 처음이었다. 적어도 이곳에선 고발당할 염려가 없었기 때문이다. 교우들은 김택현 가족이 여기까지 오면서 겪은 이야기를 듣고 눈물을 흘렸다.

"듣고 보니 양쪽 집안이 다 천주교 명문가로군요. 이거 참 영광이지 않습니까, 여러분?"

그중 한 교우가 가라앉은 분위기를 바꿀 겸 한마디 했다. 그러자 김택현이 화들짝 놀라며 손사래를 쳤다.

"양반, 천민 할 것 없이 다 같이 평등한 세상을 만들자고 말하는 천주교에서 명문가가 웬 말입니까, 형제님."

"아이쿠! 제가 실언을 했습니다, 하하!"

다른 교우들도 따라 웃었다. 어린 재복은 어른들이 덕담을 나누는 동안 밤이 깊도록 잠투정 한번 없이 평온하게 잠들어 있었다.

신앙으로 큰 아이

세월이 흘러 재복의 나이 열 살이 되었다. 부모님과 삼촌은 화전을 일구고 할아버지는 서당을 차렸다. 그 사이 동생 난식이 태어났다.

재복은 매일 할아버지 서당에서 한문을 배웠다. 서당이 파하면 집에서 천주교 교리를 배웠다. 천주교 서적은 대부분 라틴어를 한자로 번역한 것이라 할아버지의 도움 없이는 내용을 이해하기 어려웠다.

"빨리 한자를 많이 배워서 혼자서도 성경을 읽고 싶어요."

"그래? 우리 손주는 성경이 왜 읽고 싶을꼬?"

할아버지 얼굴에 흐뭇한 미소가 번졌다.

"성경엔 재미있는 이야기가 많은 것 같아서요."

"무슨 이야기가 그리 궁금하더냐?"

"노아가 방주를 타고 가는 이야기요."

재복은 구약성경의 한 부분을 가리키며 말했다.

"옳다구나! 그럼 하느님 말씀을 먼저 배우고 글자는 차차 배우기로 하자."

할아버지는 책상을 치우고 재복을 앞에 앉힌 뒤 이야기를 들려주었다.

"세상이 죄악으로 가득 차자 크게 실망한 하느님은 대홍수를 일으켜 인류를 멸망시킬 계획을 세웠단다. 그런 다음 의로운 사람 노아를 불러 재앙을 피할 방법을 사람들에게 전하라 하셨지."

"어떻게요?"

"지구상에 있는 동식물을 종마다 한 쌍씩 태우고 가족과 함께 떠날 방주를 만들라고 하셨어. 노아는 대홍수로부터 인류를 구하기 위해 하느님의 가르침을 널리 전했단다. 하지만 아무도 노아의 말을 듣지 않았지."

"어째서요?"

"고생스럽게 배를 만드는 일보다 흥청망청 노는 게 더 좋았기 때문이지."

"그래서 하느님은 홍수를 일으키셨나요?"

할아버지는 고개를 끄덕이며 말했다.

"결국 150일간의 대홍수가 일어났지. 방주를 준비하지 못한 사람들은 모두 물에 빠져 죽었고 오직 방주에 탄 노아의 가족과 동물들만 살아남았어."

재복은 놀라서 입을 틀어막았다.

"홍수가 잠잠해진 뒤에도 노아의 방주는 망망대해를 정처 없이 떠돌아다녔단다. 그렇게 한참을 떠돌던 어느 날 노아는 까마귀를 지상으로 날려 보냈지. 하지만 까마귀는 하루가 채 지나기 전에 다시 돌아왔어."

"왜요?"

"아직 물이 다 빠지지 않아 지상에 발 붙일 곳이 없었던 거야."

할아버지가 들려주는 이야기에 몰입한 재복은 손에 땀을

쥐었다.

"그 다음에 날려 보낸 비둘기는 올리브 잎을 물고 돌아왔어. 지상에 초목이 자라고 있다는 증거였지."

"그럼 이제 다 같이 방주를 나가도 되겠네요?"

재복은 마른침을 꼴깍 삼켰다.

"아직 안심하기엔 일러. 섣불리 방주를 나갔다간 홍수에 휘말릴 수도 있거든. 노아는 마지막으로 날려 보낸 비둘기가 다시 돌아오지 않는 걸 확인하고 나서야 지상에 물이 완전히 빠진 것을 알 수 있었지. 대홍수가 일어난 지 거의 일 년 만이었어. 노아는 드디어 방주 문을 열고 세상으로 나왔어."

"우아!"

마침내 재복의 입에서 환호성이 터져 나왔다. 노아의 가족과 동물 친구들이 방주 문을 열고 나오는 광경은 상상만 해도 좋았다.

"그런데 아직 끝난 게 아니란다."

할아버지가 말했다.

"물이 다 빠졌다면서요?"

호기심으로 재복은 두 눈이 빛났다. 할아버지는 재복을 보며 빙그레 웃었다.

"하느님은 노아가 무사히 임무를 마치고 돌아오자 인간에 대한 노여움을 푸셨단다. 그리고 다시는 물로써 인간을 심판하지 않겠다고 약속하며 징표로 무지개를 보여 주셨지."

"하지만…… 하느님의 심판이 없으면 사람들이 마음 놓고 죄를 지을 수도 있잖아요."

가만히 생각에 잠겨 있던 재복이 한숨을 쉬며 말했다.

"마음 놓고 죄를 짓다니?"

"천주교인을 죽이는 일 말이에요. 그거 죄 짓는 거잖아요."

불현듯 재복은 한덕골 사람들의 사연이 떠올라 우울해졌다. 서당에서 같이 공부하는 아이들 중에는 일찍이 부모를 잃고 친척 손에 이끌려 온 아이들이 많았다. 대부분 천주교 신자라는 사실이 알려져 부모님을 여읜 경우였다. 곤혹스러운 표정으로 재복을 응시하던 할아버지가 물었다.

"네가 보기엔 천주교인이 불쌍하더냐?"

"네."

"어째서?"

"가난하고, 또 맨날 도망이나 다니고……."

재복은 문득 설움이 복받쳐 말끝을 흐렸다.

그러자 할아버지가 책상을 도로 앞으로 끌어오더니 천주교 서적을 펼쳤다. 그리고 오늘 배운 글귀를 손으로 가리켰다.

"소리 내서 읽어 보거라."

"마음이 가난한 자에게는 복이 있나니……. 천국에 임할 것이로다."

사실 재복은 이 글귀가 도통 무슨 뜻인지 이해가 안 되었다. 재복은 아이들 앞에서 말하지 못했던 속마음을 할아버지한테 털어놓았다.

"할아버지, 복은 좋은 거고 가난은 안 좋은 거잖아요. 그런데 어떻게 가난한 사람이 복을 받아요?"

그러자 할아버지는 뜻밖의 이야기를 꺼냈다.

"마음이 가난한 자란 진리를 깨친 사람을 말한단다."

"무슨 진리요?"

"지위가 높든 낮든 하느님의 뜻에 맞게 살아가지 않으면 천국에 이를 수 없다는 진리 말이다."

"그럼 하느님을 믿지 않으면 전부 지옥으로 가나요?"

할아버지는 재복이 묻는 말에 대답하지 않고 다시 물었다.

"네가 아끼는 장난감을 난식이가 망가뜨렸을 때 기분이 어떻더냐?"

"약 올라서 때려 주고 싶었어요."

"그래서, 동생을 때렸느냐?"

"난식이는 겨우 세 살이잖아요!"

재복이 당연히 그럴 수 없다는 듯 고개를 세차게 흔들었다. 동생이 떼를 쓰면 속이 부글부글 끓었다. 하지만 그렇다고 해서 어린 동생을 때릴 순 없었다.

"믿음이 없는 자는 어린아이와 같단다. 우리에겐 누구의 죄를 탓할 자격이 없어. 다만 주님의 가르침을 전할 뿐이지."

알 수 없는 할아버지의 말에 재복은 갸우뚱했다. 잠시 말을 멈춘 할아버지가 재복의 손을 잡고 기도했다.

"주여! 저희를 핍박하는 자들의 영혼을 굽어 살피시고 이 아이가 주님의 뜻대로 살아갈 수 있게 하소서."

"뭣 때문에 천주교인을 괴롭히는 사람들을 위해 기도를 하는 거예요? 왜요?"

재복은 자기도 모르게 목소리가 커졌다.

"저들이 우릴 핍박하는 건 두려워서 그러는 거란다."

"우린 무기도 없는데 두려울 게 뭐가 있어요?"

"무기만으로 우릴 굴복시킬 수 없다는 걸 아니까. 하지만 결국 저들도 우리가 보듬어야 할 형제들이란다."

할아버지는 점점 더 이상한 말만 했다. 계속 듣고 있다간 설움이 폭발할 것 같아 재복은 벌떡 자리에서 일어났다.

"됐어요. 밖에 나가서 놀래요."

그날 이후 재복은 한동안 서당에 가지 않았다.

그로부터 몇 달이 지난 후 할아버지는 하늘나라로 떠났다.

'죄송하다는 말도 못 전했는데……'

재복은 할아버지한테 버릇없이 굴었던 게 생각나 눈물이 나왔다. 시간이 지날수록 할아버지가 들려준 이야기가 새록새록 되살아났다.

삼촌마저 세상을 떠나자 재복의 부모님은 홀로 남은 멜라리아 할머니를 모시고 산 너머 골배마실로 이사했다.

골배마실은 오지 중의 오지였다. 독사나 전갈 같은 위험한 동물들이 많은 곳이라 포졸들도 출입을 꺼렸다. 마을 가까이에는 은이 공소(사제 없이 신도들끼리 운영하는 교회)가 있었다. 재복의 아버지는 신유박해 이후 신앙생활을 하지 않았으나 이 무렵엔 은이 공소 회장을 맡아 신자들을 이끌었다. 어머니는 기도회가 열리는 날마다 정성껏 마련한 음식을 공소로 가져갔다. 재복과 난식은 멜라리아 할머니를 따라 예배에 참석하곤 했다.

할아버지가 세상을 떠난 지 벌써 오 년이 지났다. 열다섯 살이 된 재복은 매일 아침 기도를 하며 하루를 시작했다. 저녁 잠자리에 들기 전까지는 천주교 서적을 읽고 또 읽었다. 책장을 펼쳐 놓고 있으면 할아버지 생각이 많이 났다.

'제가 성경을 읽을 수 있게 가르쳐 주셔서 고맙습니다, 할아버지!'

재복은 공소에서 어린 동생들을 모아 놓고 성경을 가르치기도 했다. 아버지는 그런 재복을 유심히 지켜보며 혼자만의 깊은 생각에 빠지곤 했다.

이 무렵 조선 천주교회는 날이 갈수록 신도 수가 줄어들고 있었다. 제일 큰 문제는 성직자가 없다는 것이었다. 한국 최초 외국인 신부였던 주문모 신부가 신유박해로 이 땅에서 순교

한 지 삼십여 년이 지났다. 이후 조선 천주교회는 아직까지 새로운 사제를 맞아들이지 못한 상태였다. 은이 공소에도 빈자리가 하나둘 늘어나기 시작했다.

하루는 교우들이 작별도 없이 떠난 걸 알고 아버지가 착잡한 심정을 재복에게 털어놓았다.

"그동안 너무 주먹구구식으로 교회를 운영해 왔어. 교황청이 승인한 성직자들에게만 천주교 미사를 주관할 자격이 주어지는데, 그것도 몰랐으니 말이다. 그러니 신자들이 자꾸 떠날 수밖에……."

"중국에서 들여온 책으로 처음 천주교를 접한 조선 교회로선 어쩔 수 없는 착오였잖습니까. 교황청에서도 문제 삼지 않기로 했다고 들었습니다."

"너도 알고 있었느냐?"

아버지는 다소 의외라는 표정을 지었다. 사실 그건 가끔 은이 공소에 들른 교우들에게 재복이 귀동냥으로 들은 이야기였다.

"교회 어른들이 교황청에 사제를 요청하는 편지를 보냈다고 하니 서울에 가서 상황이 어찌 돌아가는지 알아봐야겠다. 내가 없는 동안 공소를 잘 부탁한다."

"예, 아버지. 걱정 말고 다녀오십시오."

"언제쯤이면 우리 조선에도 사제가 나올는지……."

아버지는 물끄러미 재복을 쳐다보다 집을 나섰다. 그때만 해도 재복은 장차 자신에게 무슨 일이 벌어질지 상상도 하지 못했다.

며칠 후 아버지는 반가운 소식을 듣고 은이 공소로 돌아왔다. 교황청에서 파견한 사제가 곧 조선에 입국한다는 소식이었다.

"드디어 신부님이 압록강을 건너오신다고 합니다!"

"그게 정말입니까?"

몇 명 남지 않은 교우들은 서로 얼싸안으며 기쁨의 눈물을 흘렸다.

마카오 조선 신학교로

1836년(헌종2년) 7월, 상복 차림에 삿갓을 쓴 서양인이 골배마실에 나타났다. 조선에 첫발을 내딛은 최초의 서양인 선교사, 피에르 모방 신부였다.

"마을에 초상이 난 것도 아닌데 신부님은 왜 상복을 입고 오셨을까요?"

"서양인이라는 걸 들키지 않으려고 변장을 하신 거랍니다."

"신부님이 조선말도 할 줄 아시나요?"

"두 달 동안 서울에 머물면서 한글을 배우셨다는군요."

"신부님은 어떤 분이시래요?"

"프랑스의 가난한 농촌에서 태어나 스물여섯 살에 신부가 되셨답니다."

"그렇게나 빨리요? 신부님은 지금 몇 살이신데요?"

"우리 나이로 서른두 살이시랍니다."

교우들의 궁금증은 끝이 없었다. 재복은 아버지한테 들은 대로 답해 주며 걸음을 빨리했다. 아버지는 조선 천주교회 지도자 격인 정하상의 집에 머물던 모방 신부에게 세례까지 받고 돌아왔다.

은이 공소 앞마당으로 들어서자 모방 신부가 아버지와 함께 있는 모습이 보였다.

'저 분이 새로 오신 신부님이구나!'

재복은 가슴이 벅차올랐다. 그 순간 재복은 잠시 신부님과 눈이 마주쳤다.

모방 신부는 정중히 예의를 갖추고 안으로 들어가는 소년의 뒷모습을 유심히 쳐다보았다.

"방금 말씀하신 재복이 저 소년입니까?"

"예, 신부님. 사제가 될 가능성이 있는지 잘 좀 살펴봐 주십시오."

재복의 아버지가 모방 신부에게 이런 말을 하는 건 마카오에 조선 신학교가 설립됐다는 걸 알았기 때문이다. 이미 최양업과 최방제라는 두 소년은 모방 신부와 함께 지내며 유학 준비를 하고 있었다.

"저희가 원한다고 되는 일이 아니란 건 압니다만, 저 아이만큼은 꼭 그 길을 가게 해 주고 싶습니다."

"그 마음 충분히 이해합니다."

모방 신부는 재복의 집안 내력을 듣고 특별한 관심을 보였다. 그리고 며칠 동안 은이 공소에 머물면서 재복의 행동 하나하나를 유심히 살폈다.

'효성이 남다른 아이로군. 이웃을 위할 줄도 알고. 이만하면 사제로서 적격이긴 한데…….'

유학생을 선발할 때 모방 신부가 가장 중요하게 여긴 건 천주교 집안의 순수하고 신앙심 깊은 소년이어야 한다는 점이었다. 여기까진 전혀 문제될 게 없었다. 다만 한 가지 걸리는 점은 바로 재복의 건강이었다.

마카오까지 가는 길은 멀고도 험했다. 설령 무사히 당도한다 해도 허약한 몸으로 고된 사제 수업을 감당할 수 있을지 걱정이었다. 모방 신부는 우선 가족들을 만나 자신의 생각을 전했다.

"재복은 성직자가 되기에 충분한 품성을 갖췄습니다. 그런데 체력이 따라 줄지가 의문이군요."

"제 손주는 제가 잘 압니다, 신부님. 몸이 약해도 야무진 데가 있어요. 속이 깊은 아이라 참을성도 강하고요. 그 아이를 받아 주시기만 한다면 이 늙은이는 더 바랄 게 없습니다."

멜라리아 할머니가 간곡히 당부했다. 결국 재복 가족의 간절한 마음이 모방 신부를 움직였다. 하지만 가장 중요한 건 본인의 결심이었다. 모방 신부는 재복을 따로 불러 이야기를 나눴다.

"너는 평생 주님의 가르침을 받들고 살아갈 수 있겠느냐?"

'신부님은 왜 당연한 걸 물어보시지?'

재복은 의아한 생각이 들었으나 공손하게 대답했다.

"예, 그렇습니다. 신부님."

모방 신부의 물음이 이어졌다.

"그렇다면 신학교에 입학해서 사제 수업을 받아보는 것이 어떻겠느냐? 어른들도 이미 허락하신 일이다."

재복은 순간 귀를 의심했다.

'내가 신부가 된다고?'

자신을 지그시 쳐다보던 아버지의 눈빛이 이제 무슨 뜻이었는지 알 것 같았다. 사제가 된다는 건 평신도로 살아가는 것보다 몇 배는 더 힘들다. 사제가 되려면 온갖 역경을 감수해야 한다는 것쯤은 재복도 알았다. 모방 신부는 원치 않으면 따라나서지 않아도 좋다며 이렇게 덧붙였다.

"나중에 후회할 것 같으면 처음부터 이 길을 선택하지 않는 게 좋다. 너뿐만 아니라 모두를 위해서다."

"아니요, 신부님! 전 후회하지 않을 겁니다."

무슨 용기로 그런 말이 툭 튀어나왔는지 모르겠다. 재복은 심장이 터질 것 같았다. 한편으로 두려운 마음이 들었다.

"신부님, 저는 부족한 게 많습니다. 할 줄 아는 거라곤 기도밖에 없습니다. 그런 저도 사제가 될 수 있을까요?"

"넌 이미 훌륭한 천주교인이라고 얼굴에 쓰여 있구나."

모방 신부가 환한 웃음을 지었다.

며칠 후 재복은 은이 공소 교우들의 축복을 받으며 모방 신부를 따라 나섰다. 멜라리아 할머니는 재복의 손을 꼭 쥐고 동구 밖까지 걸어 나왔다.

"할머니, 건강하게 오래오래 계셔야 돼요."

"오냐! 힘들더라도 마음 굳게 먹고……."

이 순간이 마지막이 될 거라고 예감한 것일까. 멜라리아 할머니의 눈가가 희미하게 젖어들었다. 재복은 왈칵 눈물이 쏟아질 것 같아 고개를 돌렸다.

"어여 가거라. 할머니는 우리가 잘 모실 테니 걱정 말고."

등 뒤에선 부모님이 할머니를 부축한 채로 연신 손을 흔들었다.

서울로 돌아온 모방 신부는 마카오 조선 신학교에 편지를 보냈다.

> 조선 소년 두 명을 보내겠다고 약속했습니다만,
> 앞으로 또 이런 기회가 없을 것 같아
> 세 번째 소년을 추가로 같이 보내기로 했습니다.
> 세 번째 소년의 이름은 김 안드레아입니다.

모방 신부가 편지에 소개한 안드레아는 재복의 세례명이었다. 이때부터 교회에선 재복의 관명과 세례명을 붙여 '김대건 안드레아'라고 불렀다.

안드레아와 함께 유학길에 오른 최양업은 안드레아와 열여섯 살 동갑내기였고 최방제는 두 사람보다 한 살이 더 많았다. 공교롭게도 모두 충청도 시골 마을 출신이었으며 서로 먼 친척 사이였다.

"안녕? 난 최방제 프란치스코야. 그냥 프란치스코라고 부르면 돼. 옆에 있는 형제는 내 사촌 최양업 토마스야."

"안녕, 난 토마스야."

최방제와 최양업이 먼저 안드레아에게 인사를 건넸다. 최방제는 형답게 의젓했고 최양업은 활달하며 시원시원한 성격이었다. 안드레아 역시 자신을 소개했다.

"저는 김대건이라고 합니다. 모방 신부님이 주신 세례명은 안드레아입니다."

"그럼 안드레아라고 부르면 될까?"

"좋습니다, 방제 형. 아니, 프란치스코 형!"

"안드레아! 우린 친구니까 편하게 토마스라고 불러."

"그래, 알았어. 토마스!"

세 명의 소년은 금세 의기투합해 친형제처럼 허물없는 사이가 되었다.

마카오 조선 신학교는 프랑스 사제들이 수업을 맡기 때문에 프랑스어로 의사소통을 할 수 있어야 했다. 미사에 참여하기 위해 라틴어도 배워야 했지만 안드레아에게는 불과 한 달 남짓의 시간이 허락되었다.

출국 날짜가 다가올수록 안드레아는 속이 바짝바짝 타들

어갔다. 먼저 공부를 시작한 동기들을 따라잡으려고 무리한 나머지 머리가 지끈거렸고 배앓이를 했다. 그러는 동안 출국일이 다가왔다.

1836년 (헌종 2년) 12월 3일.

"성스러운 소명을 안고 떠날 어린 양들을 지켜 주소서."

모방 신부가 안드레아, 프란치스코, 토마스를 위해 축복 기도를 해 주었다. 마침내 중국 대륙을 가로질러 마카오로 가는 힘겨운 여정이 시작되었다. 뱃길이나 마차를 이용할 수 없어 걸어가야 했다. 압록강을 넘어 요동까지 가는 길은 조선 교우들이 안내를 맡았다.

파리 외방 전교회(아시아 지역의 천주교 포교를 위해 프랑스에 설립한 전도 단체) 소속 샤스탕 신부가 조선에 입국하기 위해 요동에 대기하고 있었다. 로마 교황청으로부터 조선 천주교회 교구장으로 임명된 그는 순교까지 각오하고 종부 성사(천주교에서 죽음을 준비하는 의식)를 치른 후, 조선에 왔다.

조선 교우들은 샤스탕 신부와 동행해 압록강을 건너갔다.

"마카오까지 가는데 얼마나 걸릴까?"

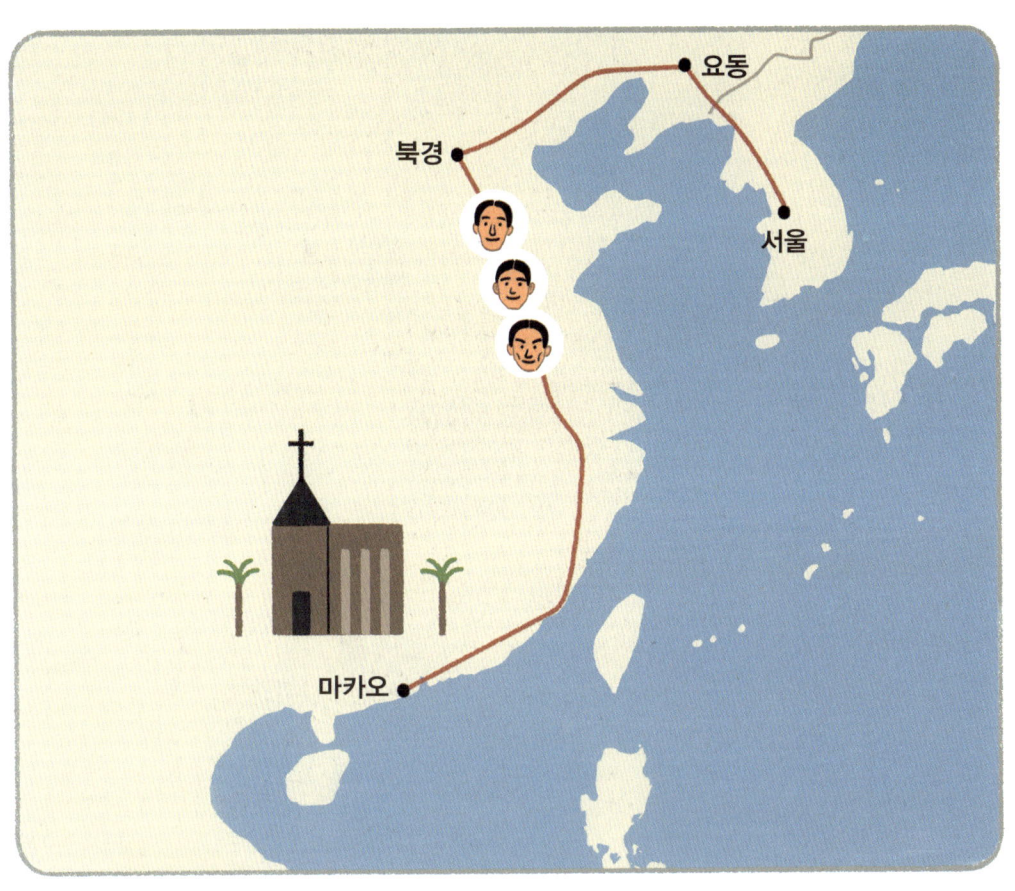

"글쎄, 신부님은 적어도 반년은 걸릴 거라고 했는데, 설마 그렇게 오래 걸릴까?"

유학생들에게 마카오는 백지와 같이 아무것도 그려지지 않은 상상 속의 도시였다. 안드레아, 토마스, 프란치스코는 생판 처음 보는 중국인 안내원들을 따라 황량한 만주 벌판으로 들어섰다. 엄동설한에 길은 가도 가도 끝이 없었다.

"남쪽으로 내려가면 춥지 않을 거야. 힘들어도 조금만 참자!"

동기생들은 서로 위로하며 살을 에는 눈보라를 헤쳐 나갔다. 중국인 안내원 두 사람과는 말도 통하지 않았다. 둘은 자기들끼리 대화를 나눴다. 눈치를 보니 다음 일정이 빠듯한 모양이었다. 딱히 정해진 숙소도 없었다. 해가 있는 동안에는 줄곧 걸었다. 어두워서 더 이상 나아갈 수 없는 밤이 되면 겨우 눈비를 피할 곳을 찾아 야영을 했다.

"잠시만이라도 쉬어갈 순 없겠습니까?"

어쩌다 민가가 나타났을 때 맏형인 프란치스코가 필담으로 물어보았다. 하지만 무뚝뚝한 안내원들은 대번 고개를 저었다.

추위와 싸우고 극한의 고통을 함께하는 동안 세 동기생 사

이에선 뜨거운 우정이 피어올랐다.

'다 같이 힘든데 나 혼자 약한 모습을 보일 순 없어.'

안드레아는 이를 악물고 고통을 참았다. 쉴 새 없이 걸음을 떼는 동안에도 온몸이 얼어붙는 듯했다.

만주에서 북경을 거쳐 꼬박 187일간 걸어 마침내 마카오에 도착했다. 도착한 때는 이듬해 6월 7일.

마카오는 중국 대륙에서 서양으로 통하는 유일한 항구 도시였다. 중국 원주민을 비롯해 포르투갈인, 프랑스인, 영국인, 미국인 등 다양한 인종이 섞여 있었다.

"웬 서양인들이 이렇게 많아?"

안드레아는 눈이 휘둥그레졌다. 하지만 낯선 환경에 적응할 틈도 없이 이번엔 지독한 더위 때문에 숨이 턱턱 막혔다.

"아직 유월 초잖아. 벌써 이렇게 더우면 한여름엔 어떻다는 거지?"

"찬물 한 바가지만 뒤집어써도 소원이 없겠다."

"죽을힘을 다해 겨울을 지냈더니 여름이 기다리고 있었네."

처음엔 푸념이라도 주고받았지만 무더위 속에 계속 걷다 보니 나중엔 말할 기운조차 없었다. 땀으로 범벅이 되고 오랫동안 씻지 못해 몸에서 쉰내가 났다.

"못 보던 거지들인데?"

초라한 행색을 하고 땟국물이 꾀죄죄한 채로 지나가는 세 소년을 사람들이 흘끔거리며 코를 싸쥐었다. 안드레아는 부끄러워할 기력조차 없었다.

그렇게 또 한참을 걸어갔을 때였다.

"여기 파리 외방 전교회 극동 대표부라고 적혀 있어!"

토마스가 프랑스어 간판이 걸린 어느 건물을 가리켰다. 마카오 조선 신학교가 임시로 세 들어 있는 건물이었다.

"하느님! 감사합니다!"

세 소년은 서로 부둥켜안고 감격의 눈물을 흘렸다.

오래도록 아픈 이별

"자랑스러운 조선 소년들이여, 잘 와 주었다!"

마카오 조선 신학교의 교장 칼르리 신부가 유학생들을 반갑게 맞이했다.

"여기 계신 신부님들은 너희의 스승이다. 작은 것 하나하나부터 열심히 배워 깨치도록 하여라."

칼르리 신부는 리부아 신부와 데플레슈 신부를 비롯해 조선 신학교 교사들을 소개했다.

신입생이 배워야 할 과목은 천주교 교리와 성가, 라틴어와 프랑스어, 수학, 지리, 역사 등이었다. 안드레아는 난생처음 접해 보는 외국어 때문에 애를 먹었다. 하지만 가장 큰 문제는 성가 수업 도중에 생겼다.

"큰일이구나. 너희 셋 다 심각한 음치야."

성가 지도를 맡은 신부가 셋의 노래를 듣고 당황했다. 조선 유학생들은 정식으로 노래를 배워 본 적이 없었기 때문에 이들의 목에서 나오는 소리는 소음 그 자체였다. 아무리 연습을 시켜도 나아질 기미가 안 보이자 마카오 조선 신학교에 비상이 걸렸다. 천주교 의식에서 성가는 중요한 의미를 지녔기 때문이다.

결국 칼르리 신부는 파리 신학교에 도움을 청하는 편지를 보냈다.

> 조선에서 온 세 명의 신학생들은 신앙심이 깊고 겸손하며 배우려는 열정도 뛰어납니다. 다만 이들은 음정에 대한 개념이 없고 목소리가 깨져 나와 유독 성가 수업에서 어려움을 겪고 있습니다. 보다 효과적인 수업을 위해 이 학생들에게 손풍금을 보내 주시면 고맙겠습니다.

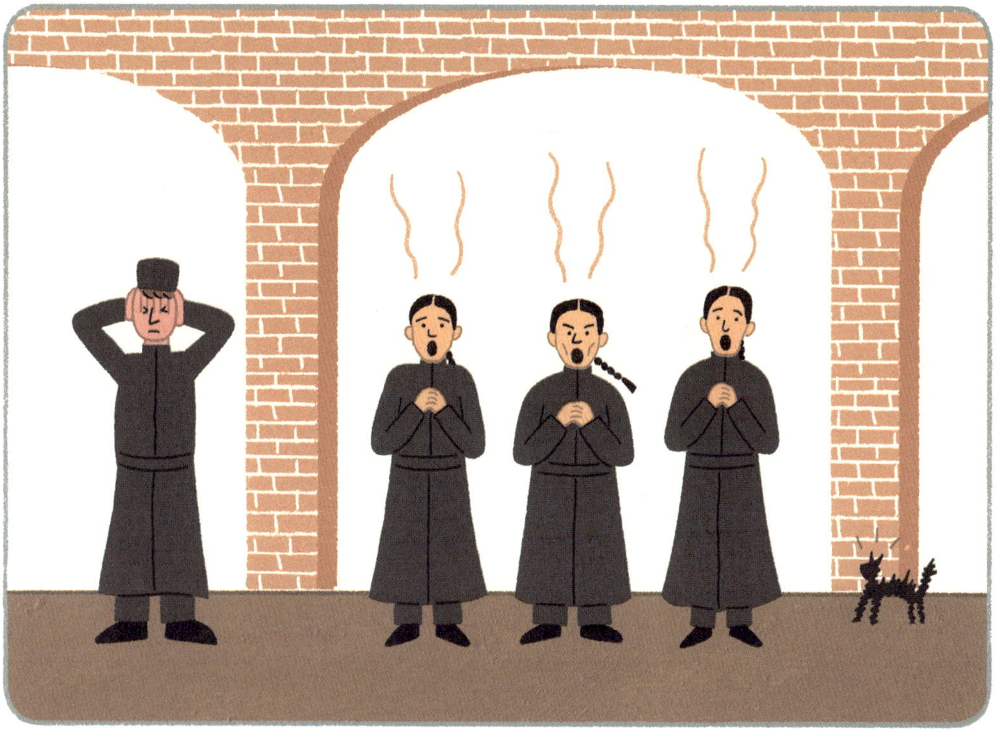

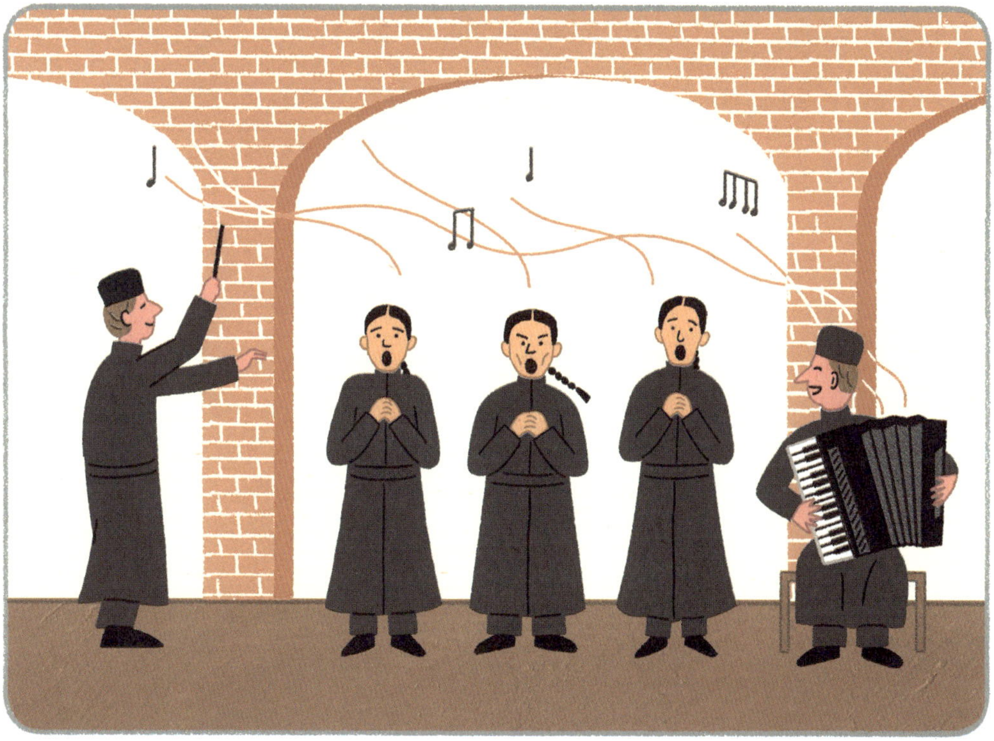

얼마 후 칼르리 신부가 요청한 손풍금이 도착했다. 반주가 곁들여지자 유학생들의 노래 실력도 조금씩 나아졌다.

유학 생활 중 가장 어려운 일은 달라진 환경에 적응하는 것이었다. 언어가 통하지 않는 건 기본이고 음식도 도통 입에 맞지 않았다. 안드레아는 낯선 환경에서 지내면서 몸이 더욱 쇠약해졌다.

"토마스와 프란치스코는 그럭저럭 잘 지내는 듯한데, 제일 안타까운 건 안드레아입니다. 얼굴이 누렇게 뜬 데다 머리카락은 벌써 희끗희끗하고……."

사제들끼리 모이면 늘 안드레아 걱정부터 했다. 훤칠하게 큰 키 탓에 바짝 마른 몸이 한층 두드러졌다. 봄부터 가을까지 무덥고 습한 날씨가 이어지는 가운데 안드레아는 수시로 잔병치레에 시달렸다. 대륙을 가로질러 오면서 워낙 고생을 많이 한 탓에 안 그래도 부실했던 몸이 더욱 상했다.

마카오 조선 신학교는 여러모로 형편이 좋지 않았다. 교실도 제대로 갖추지 못 했고 지도 교사가 자주 바뀌는 바람에 학생들도 혼란스러워했다.

안드레아는 힘든 환경 때문에 기분이 울적할 때면 조선 신학교 근처에 있는 공원을 거닐며 마음을 다잡곤 했다.

'어른들은 잘 지내고 계실까?'

자신이 성직자가 되어 돌아오기만을 기다릴 가족들을 떠올리면 잠시도 시간을 허비할 수 없었다.

유학생들은 종종 파리 외방 전교회 극동 대표부의 잡일을 돕기도 했다. 일을 하는 도중에 안드레아는 허리를 다쳤다. 그 뒤로 두통에 배앓이에 허리 통증까지 겹쳤지만, 안드레아는 굴하지 않고 공부에 매진했다.

"안드레아가 쓰는 문장은 아주 좋거나 형편없거나 둘 중 하나란 말이지. 그건 생각이 깊지 않다는 뜻이기도 해."

수업 시간에 종종 이런 지적을 받기도 했다. 하지만 안드레아는 낙담하지 않았다. 부족한 건 노력으로 따라잡을 수 있다는 자신감 때문이었다. 스승님들을 실망시키지 않기 위해 잠자는 시간까지 아껴 가며 책을 읽었다.

"안드레아, 너무 열심히 하는 거 아냐? 나도 긴장해야겠어."

"우리 다 한날한시에 사제 서품을 받고 조선으로 돌아가자!"

　공부하다 지칠 때마다 프란치스코와 토마스의 격려가 큰 힘이 되었다. 하지만 셋이서 함께 조선으로 돌아가자는 약속은 끝내 지켜지지 못했다. 전염병이 여름 내내 마카오를 휩쓸고 간 사이, 프란시스코는 혼자서 죽음과의 사투를 벌이고 있었다.
　한동안 누구도 그 사실을 알지 못했다. 미사 때면 낭랑한 목소리로 라틴어 기도문을 술술 외워 형제들의 부러움을 사던 프란치스코였다. 그런데 언제부터인가 이상한 기미가 보이기 시작했다.

제일 먼저 눈에 띈 변화는 프란치스코가 잘 웃지 않는다는 점이었다. 형제들에게 불친절하게 구는 건 아니었지만 늘 어딘가 힘이 없어 보였다. 하루는 걱정스러운 마음에 안드레아가 물었다.

"형, 어디 아파?"

"아니, 왜?"

"그냥……."

"녀석, 싱겁긴. 공부는 잘 돼 가니?"

"그렇지, 뭐."

"안드레아. 난 네가 잘 해낼 거라고 믿어."

프란치스코는 언제나처럼 안드레아 어깨를 툭 치고는 기도실로 향했다. 식사 양이 줄긴 했지만 혼자 묵상하는 시간이 평소보다 길어졌다는 것 말고는 딱히 눈에 띄는 변화도 없었다.

그렇게 두 달쯤 지났을 때였다. 밤중에 쿵 하는 소리가 들려왔다. 곧이어 신음 소리가 들렸다. 분명 프란치스코의 방에서 나는 소리였다.

"형! 왜 그래?"

놀란 안드레아와 토마스가 방으로 달려가자 프란치스코는 배를 움켜쥔 채 침대 밑을 데굴데굴 구르고 있었다.

"배 아파?"

"신부님들 주무시잖아. 소란 떨지 마."

그 와중에도 프란치스코는 두 형제를 먼저 안심시키려 했다. 말로는 괜찮다고 했지만 온몸이 식은땀으로 범벅이 된 데다 이마는 불덩이처럼 뜨거웠다.

"안 되겠어. 교장 신부님께 알리자."

"알았어!"

토마스가 프란치스코를 부축해서 침대로 옮기는 동안 안드레아는 황급히 방문을 열었다. 때마침 안으로 들어온 칼르리 신부는 얼굴이 사색이 되었다.

"어째서 이 지경이 되도록 말을 안 했느냐?"

"괜히 저 때문에 걱정하실까……"

프란치스코는 미처 말을 맺지도 못한 채 까무룩 정신을 놓았다.

그날 이후 증세가 급격히 악화되어 프란치스코는 음식을

삼키지도 못했다. 때때로 피를 토하고 발작을 일으켰다.

그러다 하루는 깨끗하게 몸단장을 마친 후 프란치스코가 침대에 걸터앉아 두 형제를 불렀다.

"안드레아, 토마스. 부탁이 있는데 들어줄래?"

"응! 당연하지."

"그럴게, 형! 부탁이 뭔데?"

"날 위해 기도해 주렴."

이 말을 하는 프란치스코는 세상 일을 초월한 듯 무척이나 평온한 표정을 하고 있었다. 창밖엔 어둠이 깃들고 있었다. 안드레아는 더럭 겁이 났다.

"형, 갑자기 그게 무슨 말이야. 내일은 우리 같이 산책이라도 나가자."

"난 이제 두려운 게 없어졌어."

앙상하게 마른 프란치스코의 얼굴에 해맑은 미소가 번졌다.

"우리 셋이 신부님이 돼서 조선에 가기로 했잖아……."

프란치스코는 안드레아와 토마스를 바라보며 말 없이 고개를 끄덕였다. 두 형제는 그 모습을 보고 가슴이 미어졌다. 사실 프란치스코는 이미 교장 신부에게 마지막 성사를 부탁해 둔 뒤였다.

1837년 11월 27일 새벽.

안드레아와 토마스가 임종 기도를 올리는 가운데 칼르리 신부가 마지막 성사를 거행했다.

"주님의 자비로우신 사랑과 이 거룩한 예식으로 성령의 은총을 베푸사, 죄방제 프란치스코를 도와주소서."

칼르리 신부는 프란치스코에게 도유성사(천주교에서 병자의 죄를 씻어 주는 의미로 기름을 바르는 예식)를 행한 뒤 다시 기도를 올렸다. 예식이 진행되는 동안 프란치스코는 하염없이 눈물을 흘렸다.

"신부님 고맙습니다."

프란치스코의 메마른 입술 사이로 성스러운 목소리가 흘러나왔다. 그다음 프란치스코는 예수의 형상이 새겨진 십자고상에 입 맞추고, 온 힘을 다해 외쳤다.

"착한 예수여! 착한 천주여!"

프란치스코는 마지막 순간까지 이 말을 되풀이하다 두 형제가 지켜보는 가운데 평온하게 숨을 거두었다. 열일곱 살 꽃다운 나이에 세상을 떠난 프란치스코는 조선 신학교 부근에 있는 성 미카엘 묘지에 묻혔다.

'다시 만날 때까지 안녕, 프란치스코 형.'

안드레아가 마음 깊이 사랑하는 친구이자 형제였던 프란치스코는 마카오에 온 지 불과 여섯 달 만에 하늘나라로 떠났다. 안드레아에게 이 일은 오래도록 사무치는 아픔으로 남았다.

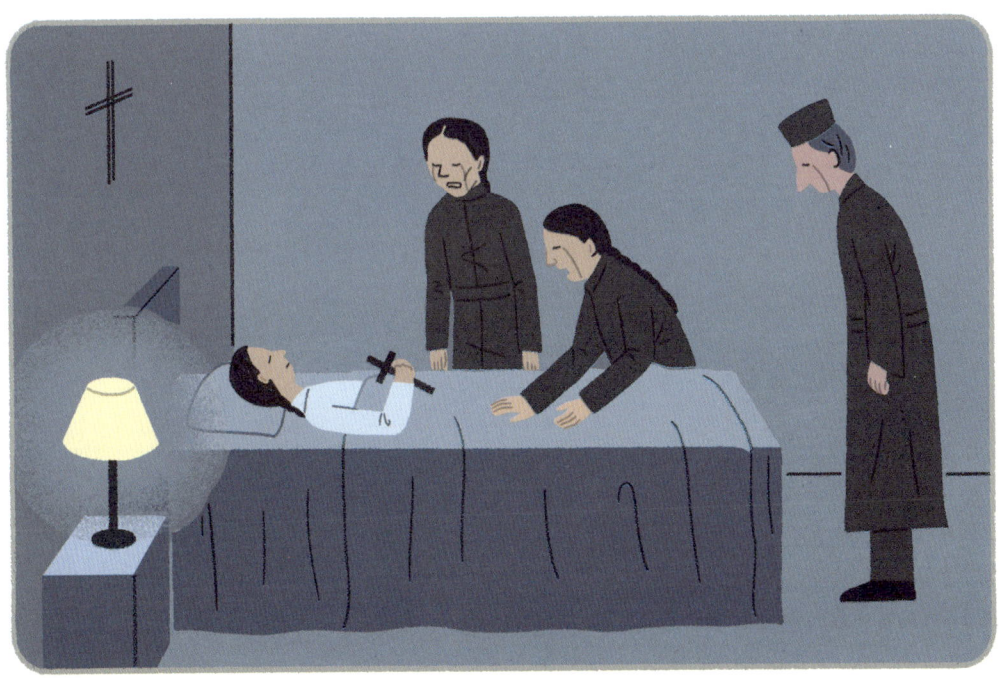

상처를 딛고
한 걸음 더 멀리

1839년 4월 마카오는 극심한 혼란의 소용돌이에 휘말렸다. 포르투갈의 식민 정책에 불만을 품은 원주민들이 반란을 일으킨 것이다. 조선 신학교는 사태가 안정될 때까지 마카오를 떠나 있기로 결정했다.

임시 피난처로 정해진 곳은 이 주일 동안 배를 타고 가야 하는 필리핀의 수도 마닐라였다. 그 당시 필리핀은 수도자의 천국이라 불릴 만큼 천주교가 번성한 나라였다. 목적지인 도미니크 수도원은 마닐라에서 약 사십 킬로미터 떨어진 롤롬보이 마을에 있었다.

수도원에 들어선 순간 안드레아와 토마스는 두 눈이 휘둥그레졌다. 수도원은 망고 나무 울타리가 처진 호숫가에 세워져 있어 너무나 아름다웠다. 건물 안에는 학습 공간과 생활관이 분리되어 있었고 작은 성당도 따로 있었다. 이 수도원에선 대학 과정의 수업이 이루어졌다. 사제들은 종종 학생들을 이끌고 대나무 숲으로 산책을 나가곤 했다.

"마카오는 왠지 모르게 답답하고 복작거렸는데 여긴 조용해서 좋군요."

"그러게요. 오길 잘한 것 같습니다. 수업 분위기도 많이 좋아졌고 말입니다."

사제들은 서로 이야기를 주고받다 안드레아와 토마스를 흐뭇하게 바라보았다. 잠시 딴생각에 잠겨 있던 안드레아는 사뭇 밝은 표정으로 말했다.

"대나무는 조선 대나무가 훨씬 잘 생긴 것 같습니다."

조선 대나무라고 해서 크게 다를 건 없지만 골배마실이 떠올라 그런 말이 자연스럽게 나왔다. 안드레아는 자신이 조선 사람인 걸 늘 자랑스럽게 여겼다. 스승들에게 편지를 보내는 말미에 항상 '김해 안드레아 올림'이라고 꼬박꼬박 자신의 본관까지 적었다.

롤롬보이에서 생활하며 안드레아에게 많은 변화가 나타났다. 잔병이 끊이지 않던 몸이 좋아지기 시작하면서 학업에도 속도가 붙었다. 사제들의 평판도 달라지기 시작했다.

"안드레아의 라틴어 실력이 몰라보게 좋아졌습니다."

"철학 공부도 열심히 하고 있어요. 신앙심이 강건해 장래가 촉망되는 학생입니다."

그해 여름 안드레아는 소중한 편지 한 통을 받았다. 집을 떠난 후 처음으로 받아 보는 아버지의 편지였다. 편지를 전해 준 사람은 중국과 조선을 오가며 밀사로 활동하던 신도 조신철이었다. 조신철은 사 년 전 조선 천주교회 교구장으로 임명된 앵베르 주교를 보좌하며 압록강을 넘어갔다가 다시 북경을 거쳐 마닐라로 들어왔다.

아버지가 편지를 쓴 날짜는 안드레아가 고국을 떠난 지 얼마 되지 않았을 때였다. 뭍과 바다 수만 리를 지나온 편지는 어느덧 색이 누렇게 바래 있었다.

대건아, 잘 지내고 있느냐?

　망고 나무 아래서 첫 문장을 읽는 순간 안드레아는 와락 눈물이 솟구쳤다. 편지에는 조선의 교우들과 세 명의 사제 모두 잘 지내고 있다고 적혀 있었다.
　"다들 무사하시대, 토마스!"
　"정말 다행이다!"
　안드레아와 토마스는 너무 기뻐 펄쩍펄쩍 뛰었다.

하지만 이 무렵 조선에는 기해박해의 광풍이 몰아치고 있었다. 두 형제는 그런 일은 상상도 하지 못한 채 고국에서 온 편지를 읽고 또 읽었다.

1839년(헌종 5년) 3월에 일어난 기해박해는 왕실 외척 간의 세력 다툼 때문에 일어났다. 헌종이 여덟 살 어린 나이로 즉위하자 조정은 왕의 조모인 순원왕후 김씨와 생모인 신정왕후 조씨 일파로 갈려 팽팽하게 대립했다.

천주교를 향해 탄압의 칼날을 꺼내든 건 신정왕후를 주축으로 한 풍양 조씨 세력이었다. 시어머니 순원왕후가 죽자 대왕대비가 된 신정왕후는 헌종을 움직여 척사윤음(천주교를 배척하기 위해 내린 교지)을 반포하고 오가작통법을 강화했다. 본격적인 천주교 박해의 서막이 열린 것이다.

박해가 시작되자 신자들은 깊은 산중으로 숨어들었다. 앵베르 주교는 불안에 떠는 교우들을 위해 목숨을 걸고 포교 활동에 나섰다. 전국에 흩어져 있는 신자들을 찾아다니며 세례를 베풀고 복음(예수의 가르침)을 전했다.

그러다 한 배교자(믿던 종교를 배반한 사람)의 밀고로 세 프랑스인 선교사에 대한 정보가 조정에 알려졌다. 배교자는 관헌들과 짜고 왕실에서 외국인 신부를 관대히 대할 것이라 속여 앵베르 주교를 서울로 유인했다. 이미 자신이 함정에 빠졌다는 사실을 알아차린 앵베르 주교는 자수를 택했다. 또한 두 명의 선교사를 데려오지 않으면 천주교인을 전부 몰살하겠다는 협박에 샤스탕 신부와 모방 신부에게 자수를 권했다. 결국 셋은 같은 날 새남터에서 참혹한 죽음을 맞았다.

박해는 3월에 시작해 12월까지 이어졌고, 이때 54명의 신도가 처형당했다. 공개 처형으로 민심이 흉흉해질 것을 염려한 영의정 조인영은 신자들의 교수형을 비밀리에 집행하기도 했다. 정당한 절차 없이 옥중에서 교수형을 당하거나 매를 맞고 죽은 신도까지 합치면 희생자가 백 명이 넘었다.

최양업의 부모도 이때 가혹한 고문 끝에 순교했다. 도미니코 수도원에 편지를 전하러 왔던 조신철은 조선으로 돌아가자마자 박해의 희생양이 되었다.

안드레아의 아버지 역시 아들을 마카오로 유학 보낸 사실이 알려져 서소문 밖 네거리에 목이 내걸렸다. 조선에서 벌어진 일은 한동안 마카오로 전해지지 않았기에 안드레아는 아버지가 순교한 사실도 까맣게 몰랐다.

그동안 마카오에선 아편 전쟁이 벌어지고 있었다. 이 년에 걸쳐 일어난 아편 전쟁의 당사자는 영국과 청나라였다. 당시 영국뿐 아니라 미국, 프랑스, 러시아 등 서방 국가들은 아시아 국가들에 눈독을 들이고 있었다. 이들에게 아시아는 더 없이 매력적인 개척지였고 마카오는 그 중심에 있었다.

아편 전쟁은 청나라가 판매를 금지했던 아편을 영국 동인도 회사 소속 상인이 광둥 연안에서 팔면서 촉발됐다. 아편은 마약의 일종으로 중국 사회를 병들게 만든 최악의 수입품이었다. 그 폐해가 어찌나 심각했는지, 하층민부터 황실에까지 아편이 생활에 스며들어 나라가 위태로운 지경에 이르렀다.

청나라는 여러 차례 아편 수입을 법으로 금했으나 영국은 인도에서 재배한 아편을 공공연하게 중국 땅에 퍼뜨렸다. 그만큼 아편 판매로 거둬들이는 수입이 막대했기 때문이다. 1839년 9월 4일 청나라 황제의 명을 받은 광둥성 관리들이 영국 상인에게서 아편을 몰수하자, 영국은 이를 빌미로 전쟁을 일으켰다.

이때까지 상황을 예의 주시하던 프랑스도 중국을 넘보기 시작했다. 전쟁이 막바지에 달한 1842년 여름, 세실 함장이 이끄는 프랑스 군함 에리곤 호가 마카오 항구에 모습을 드러냈다. 세실 함장은 프랑스의 정치가, 군인이자 탐험가였다. 이미 세계 각국을 돌아본 경험이 있는 함장은 이 무렵 조선 원정에도 관심을 갖고 있었다.

1842년 8월, 아편 전쟁은 결국 영국의 승리로 끝났다. 영국은 청나라에 전쟁에 대한 책임을 물어 일방적인 피해 보상을 요구했고 청나라는 울며 겨자 먹기로 이에 응할 수밖에 없었다. 이때 청나라가 영국과 맺은 조약을 '남경조약'이라 한다.

남경조약 체결을 한 달쯤 앞둔 어느 날, 세실 함장이 파리 외방 전교회 극동 대표부 책임자로 있는 리부아 신부를 찾아왔다.

"남경에 동행할 통역관이 필요합니다. 이참에 조선에 들러 프랑스와 무역 통상을 추진해 볼까 하는데 조선인 학생 한 명을 추천해 주시겠습니까?"

세실 함장은 자신의 진짜 목적을 숨긴 채 리부아 신부에게 조선을 방문하고 싶다는 의향을 내비쳤다. 리부아 신부는 때마침 조선 선교사로 지원한 메스트르 신부를 태울 배편을 은밀히 알아보는 중이었다. 그는 세실 함장의 요청을 받아들이는 대신 메스트르 신부의 동행을 조건으로 내걸었다.

"좋습니다. 대신 출발을 서둘러 주십시오."

세실 함장이 흔쾌히 제안을 받아들였다. 리부아 신부는 메스트르 신부에게 토마스와 안드레아 중 누굴 보낼 것인지 의논했다. 메스트르 신부가 세실 함장의 통역관으로 지목한 유학생은 안드레아였다.

"안드레아, 너는 프랑스어 실력도 뛰어나고 중국어도 곧잘 하니 통역관으로서 적격이다. 나와 함께 조선에 가겠느냐?"

"기회만 주신다면 최선을 다하겠습니다, 신부님!"

안드레아로선 꿈만 같은 일이었다.

'내가 신부님을 모시고 조선으로 갈 수 있다니!'

그즈음 파리 외방 전교회는 조선 유학생들이 프랑스어를 배우는 일에 다소 부정적이었다. 라틴어 공부를 소홀히 하여 신학 공부에 지장이 생길까 우려가 됐기 때문이다. 안드레아가 통역관에 뽑힌 건 그전에 열심히 프랑스어 실력을 쌓아 둔 덕분이었다. 마카오와 마닐라에서 생활하는 동안 중국어뿐만 아니라 포르투갈어와 영어에도 익숙해진 터였다.

겨울에 마카오를 떠난 에리곤 호는 마닐라와 대만 해협을 거쳐 약 일곱 달 만에 양쯔강 해안에 정박했다. 안드레아는 에리곤 호에 있는 동안 세계 여러 문화를 접하는 동시에 조선을 둘러싼 강대국의 이해관계를 깨쳤다.

세실 함장은 남경조약 조인식(조약의 공문서에 날인하는 의식)에 안드레아를 동행했다. 남경조약에 따르면 청나라는 영국에 무려 육백 만 달러에 달하는 배상금을 지급해야 했다. 이에 더불어 홍콩을 떼어 주고 중국에 들어오는 수출입 품목에 영국과 합의 후에 세금을 매겨야 한다는 등 총 13조로 체결되었다.

'전쟁을 하지 않고 나라가 부강해질 방법은 없는 건가.'

당시 스물한 살이던 청년 안드레아에겐 불현듯 서글픈 생각이 떠올랐다.

"알맹이는 영국이 다 차지해 버렸군."

안드레아의 통역으로 프랑스가 얻을 이익이 없다는 걸 알아차린 세실 함장은 대번 표정이 굳었다. 원래 조선에 가겠다고 했던 함장은 중국을 떠날 때가 되자 태도가 완전히 달라졌다.

"조선으로 가긴 가겠지만, 도중에 역풍이 불면 그 즉시 마닐라로 방향을 돌릴 것입니다."

"그럼 조선에 안 갈 수도 있단 말입니까?"

세실 함장은 메스트르 신부의 물음에 애매하게 웃어 보일 뿐이었다.

세실 함장이 조선으로 떠날 계획이 없다는 걸 깨달은 메스트르 신부는 심각한 고민에 빠졌다. 그때 뜻밖의 소식을 전해 들었다. 파리 외방 전교회 소속 다른 신부 일행이 영국 군함을 타고 왔다는 것이었다. 안드레아와 메스트르 신부는 영국 군함이 있는 곳으로 갔다. 놀랍게도 그곳엔 만주 선교사로 임명된 브뤼니에르 신부와 토마스가 함께 있었다.

"남경 교구장인 베시 주교님이 두 분을 도울 방법을 찾아 주실 겁니다."

브뤼니에르 신부는 베시 주교를 만나러 상해로 가는 길이었다. 토마스와 함께 만주까지 동행할 또 다른 신도가 해변에 있는 중국인의 집으로 일행을 안내했다. 브뤼니에르 신부 일행은 이곳에서 하룻밤 더 묵은 뒤 먼저 상해로 떠났다.

안드레아와 메스트르 신부는 그로부터 오 일 후 상해에 도착했다. 브뤼니에르 신부 일행은 베시 주교와 함께 있었다.

"태장하에 가면 조선으로 가는 배를 탈 수 있을 것입니다. 요동반도 남쪽에 있는 곳이니 브뤼니에르 신부님과 같이 떠나는 게 좋겠습니다. 이 교우님이 배로 모실 것입니다."

 베시 주교가 소개한 중국인 신도는 소형 어선을 소유하고 있었다. 다섯 명이 그 배를 타고 요동반도 남단에 위치한 태장하 부근까지 가는 데 보름이 걸렸다. 도중에 역풍을 만나 몇 번이고 제자리 걸음을 한 끝에 항구에 도착했다.

 "저는 요셉이라고 합니다. 여러분을 안전한 곳으로 모시겠습니다."

 항구에서 멀리 떨어진 요동 백가점 교우촌 요셉 회장이 마중을 나왔다. 메스트르 신부는 배에서 밤이 되길 기다렸다가 육지로 나가는 게 안전하다고 판단했다.

 "우릴 영국인으로 오해할 수도 있으니 되도록 눈에 띄지 않는 게 좋겠군요."

브뤼니에르 신부도 메스트르 신부와 같은 생각이었다. 영국은 전쟁 중에 청나라 궁궐을 파괴하고 문화재를 약탈하는 등 나라 곳곳을 폐허로 만들었다. 당연히 영국인에 대한 중국인들의 감정이 좋지 않을 수밖에 없었다.

"하지만 갈 길이 멀어 시간을 지체할 수가 없습니다."

요셉 회장이 난감한 기색을 보이자 두 신부는 하는 수 없이 배에서 내렸다. 항구 주변에 있던 중국인들의 눈초리가 온통 신부님들에게로 쏠렸다.

"영국 놈들이다!"

누군가 소리치자 스물여 명의 장정들이 눈을 부라리고 다가왔다. 여행자를 숙소나 식당으로 안내하며 푼돈을 받는 사람들

영국 놈들이다!

이었다.

"일단 세관에 신고를 해야 하니 신부님들과 같이 저쪽으로 가십시오."

요셉 회장이 강변을 가리키며 안드레아에게 귓속말을 했다. 그리고 토마스를 데리고 곧장 세관으로 걸어갔다. 하지만 안드레아와 두 신부는 순식간에 사람들에게 꼼짝없이 에워싸였다.

"군인들도 떠난 마당에 영국인이 재수 없게 여긴 왜 왔지?"

"그냥 체포해 버릴까?"

중국말로 떠드는 이야기를 통해 안드레아는 그중에 경찰관이 있다는 사실을 알아차리고 심장이 철렁했다. 자신은 물론 두 신부의 소매 속에 천주교 서적을 감춰 뒀기 때문이다.

'이럴 땐 정면 돌파로 밀고 나가는 수밖에.'

안드레아는 짐짓 화난 목소리로 말했다.

"이분들은 영국인이 아니라 프랑스인입니다. 경찰이 이렇게 무고한 사람에게 모욕을 줘도 되는 겁니까?"

"모욕은 무슨. 가던 길이나 가시든가."

안드레아가 유창한 중국말로 따지자 경찰관은 슬그머니 자리를 떠났다. 그 자리에 있던 사람들도 슬슬 꽁무니를 뺐다. 열심히 중국어를 공부한 덕을 톡톡히 보는 순간이었다.

"신부님들이랑 다 같이 경찰서에 끌려가는 줄 알았어."

저만치서 토마스가 헐레벌떡 달려오더니, 일행이 무사한 걸 보고 가슴을 쓸어내렸다.

백가점에 도착한 건 사흘 후였다. 교우촌이라고 해도 요셉의 가족 외에는 누구도 서양인 신부를 달가워하지 않았다. 심지어 노골적으로 적개심을 드러내는 이들도 있었다.

안드레아와 메스트르 신부는 혼자 사는 아주머니 집 골방에 겨우 세를 얻었다. 토마스와 브뤼니에르 신부는 근처 다른 교우촌에 거처를 구했다. 이즈음 베롤 주교는 국경에 사람을 보내 조선 상황을 알아보는 중이었다.

어느 날 의주를 다녀온 연락원이 충격적인 이야기를 전했다. 기해박해의 참상을 뒤늦게 전해 들은 것이다.

"두 명의 외국인 신부님과 수백 명의 조선인들이 학살당했다고 합니다."

"설마!"

"오, 하느님!"

안드레아는 순간 휘청거렸다. 베롤 주교와 메스트르 신부는 가슴에 십자가를 그었다.

'주여, 언제쯤이 되어야 우리나라에 이 시련이 멎을 것입니까!'

안드레아는 죄 없이 죽어간 이들을 위해 온 마음으로 울었다. 이 판국에 서양인 선교사가 입국한다는 건 섶을 지고 불길로 뛰어드는 일이나 다름없었다. 베롤 주교는 고심 끝에 안드레아의 의향을 물었다.

"너는 조선인이라 들킬 염려가 적긴 하다만, 이토록 무거운 소임을 맡겨도 되겠느냐?"

"조선에 들어갈 수만 있다면 저는 어떤 위험이든 감내하겠습니다."

안드레아는 조금의 망설임도 없이 대답했다. 죽음에 대한 두려움이 없는 건 아니었지만 그렇다고 고국의 현실을 외면하고 있을 순 없었다.

1842년(헌종 8년) 12월 23일.

안드레아는 중국인 길잡이들과 함께 백가점을 떠나 의주로 향했다.

'부모님은 무사하실까? 세 신부님 가운데 두 분이 순교하셨다면 모방 신부님은 어떻게 된 걸까…….'

연락원의 이야기를 듣는 순간부터 줄곧 불안했던 안드레아는 서둘러 걸음을 재촉했다.

중국 측 국경인 책문에 당도했을 때였다. 북경으로 가는 조선 사절단이 길게 행렬을 이루어 지나가고 있었다.

'혹시 저들 중에 천주교인이 있지 않을까.'

안드레아는 막연히 이런 생각을 하며 천천히 걸음을 옮겼다. 그런데 한 사람이 슬며시 안드레아의 옆으로 다가왔다.

'누구지?'

상대는 말없이 걷기만 했다. 얼굴을 보니 어딘가 모르게 낯이 익었다. 안드레아가 먼저 자신을 소개하며 말을 걸었다.

"조선에서 온 김대건이라고 합니다만 혹시 저를 아십니까?"

"글쎄요. 알 것도 같은데……."

애매하지만 뭔가 여운이 남는 대꾸였다. 안드레아는 목소리를 한껏 낮춰 다시 물었다.

"당신은 천주교인입니까?"

그러자 상대 역시 주위를 살피면서 조용히 대꾸했다.

"그렇습니다. 세례명은 김 프란치스코라고 합니다."

알고 보니 김 프란치스코는 조선 천주교회에서 보낸 밀사였다. 요동에서 샤스탕 신부를 조선으로 인도할 때 안드레아 일행과 잠깐 마주친 교우들 중 한 명이었다. 김 프란치스코는 자신이 이곳에 오게 된 사정을 안드레아에게 말해 주었다. 의주에서 만나기로 한 중국 측 안내자가 여러 날이 지나도 오지 않아 무슨 일인지 북경 교구에 알아보려고 사절단에 숨어든 것이다. 안드레아는 자세히 듣고 싶었지만 피차 길게 이야기할 여유가 없었다. 우선 길잡이들을 멀찍이 떨어지게 하고 선교사들의 안부부터 물었다.

"신부님들은 한날한시에 순교하셨습니다."

"세 분 다요?"

"앵베르 주교님은 유다 같이 흉악한 자가 자신을 팔아넘긴

걸 알고 스스로 재판소로 가셨어요. 그리고 두 신부님이 자수하지 않으면 교회를 전멸시킬 것이라는 말에 모방 신부님과 샤스탕 신부님에게 편지를 쓰셨습니다. 결국 세 신부님 모두 자수한 끝에 그렇게……."

김 방지거는 차마 이야기를 맺지 못한 채 말문을 닫았다. 가슴 아픈 소식은 이뿐만이 아니었다. 안드레아의 아버지 김제준 이냐시오와 토마스의 부모님마저 무참히 살해되었다는 말을 전해 들었다. 안드레아는 억장이 무너져 내렸다.

우리나라 첫 번째 신부, 김대건

'아버지! 세상에서 못한 효도는 천국에서 할게요.'

안드레아는 캄캄한 새벽길을 걸어가며 하염없이 눈물을 흘렸다. 길잡이들과 책문에서 헤어져 의주로 향하는 길이었다.

다음날 성문 앞에 당도했을 땐 벌써 어두컴컴한 저녁이었다. 병사들이 일일이 통행증을 검사하고 있었다. 원래 안드레아는 거지로 변장할 계획으로 누더기를 준비했으나 김 프란치스코가 가난한 나무꾼 행세를 하는 게 유리할 거라고 귀띔해 줬다. 그의 조언에 따라 조선 상인들이 입는 창옷에 미투리를 신고 머리엔 초립을 썼다.

오랜만에 바지저고리를 입고 지게까지 걸머지고 걸으니 몸놀림이 어색해졌다. 마침 소몰이꾼들이 소를 끌고 나타났다. 안드레아는 병사들 눈을 피해 덩치 큰 소 떼 옆에 붙어 걸었다. 다행히 성문은 별 탈 없이 통과할 수 있었지만 다음이 문제였다.

"이봐! 통행증도 안 내고 어딜 가?"

세관원은 열대여섯은 족히 넘는 소몰이꾼 중에서 안드레아를 콕 집어냈다. 양옆으로 계속 사람들이 밀려들고 있었다.

'침착해야 해.'

안드레아는 마음을 가다듬곤 태연하게 거짓말을 했다.

"통행증은 이미 보여 줬잖습니까?"

"그랬나?"

세관원이 긴가민가하는 틈에 인파 속으로 스며든 안드레아는 있는 힘껏 달려 성문을 벗어났다. 한참을 달리다 겨우 숨을 돌렸을 때 주위를 둘러보니 어딘지 알 수 없는 곳이었다. 뜨문뜨문 보이는 집들마다 불이 꺼져 있어 밤새 걷고 또 걸었다.

추위로 얼어붙은 몸을 이끌고 백 리쯤 걸었을까. 동틀 무렵이 되어서야 허름한 주막이 나타났다. 요기라도 하면서 몸을 녹이려고 주막에 들어갔다. 그곳에서 안드레아는 생각지도 못한 봉변을 당했다.

"아무래도 나무꾼 같진 않은데?"

주인이 안드레아를 위아래로 훑어보자 마루에서 밥 먹던 사람들이 일제히 수상한 눈초리를 쏘아 보냈다.

"이봐, 총각. 여기 사람 아니지?"

"나는 조선 사람입니다. 서울로 가던 중에 산 속에서 길을 잃은 것뿐입니다."

안드레아는 예의를 갖춰 말했다. 하지만 사람들은 도통 그 말을 믿으려고 하지 않았다.

"나무꾼이 길을 잃어?"

"중국 버선을 신었군. 그 보따리엔 뭐가 들었지?"

사람들이 눈을 부라리며 달려들자 마루에 앉아 있던 누군가가 점잖게 말했다.

"거 얼치기 나무꾼이 밤새 떨고 다닌 모양인데 너무 야박하게 굴지 맙시다."

안드레아가 메고 있는 보따리엔 교구에서 모아 준 꽤 큰 액수의 돈이 들어 있었다. 조선에서 필요한 경비로 쓰라고 준 돈이었다. 들키면 꼼짝없이 도적으로 몰려 사형을 당할 수도 있었다.

짐 보따리를 빼앗길 뻔한 찰나, 안드레아는 정색을 하고 따져 물었다.

"당신들이 무슨 권리로 내 짐을 보자는 거요?"

"뭐? 나무꾼 주제에 권리? 포졸 나리라도 불러올까?"

"그 말에 책임질 수 있겠소?"

안드레아의 기세등등한 태도에 그 자리에 있던 사람들이 잠시 움찔했다.

"포졸을 부르든 말든 마음대로 하시오. 이 집에선 음식을 팔기 싫은 모양이니 난 갈 길을 가야겠소."

당당하게 주막을 나온 안드레아를 한 명이 따라붙었다. 미행자는 한참을 따라오다 안드레아가 서울 쪽으로 가는 걸 확인하고 나서야 발길을 돌렸다. 그러는 동안 날이 훤하게 밝아왔다. 주막 사람들이 신고했다면 포졸들이 찾아다닐 시간이었다.

안드레아는 어두워질 때까지 숲에 숨어 있다가 무작정 주막과 반대 방향으로 길을 잡았다. 동 틀 때가 돼서 맞닥뜨린 곳이 하필이면 국경수비대 앞이었다. 결국 안드레아는 압록강을 거꾸로 건너 다시 백가점으로 돌아왔다. 원래 출발했던 곳으로 돌아오기까지 꼬박 닷새가 걸렸다.

"제 능력이 부족해 소임을 이루지 못했습니다. 송구합니다, 스승님."

"무사히 돌아왔으니 천만다행이다."

메스트르 신부는 의기소침해하는 안드레아를 따뜻하게 감싸 주었다. 베롤 주교는 상황이 좋지 않은 것을 보고 입국 날짜를 다시 잡기로 했다.

이듬해 앵베르 주교의 뒤를 이어 조선 교구장으로 임명된 페레올 주교가 조선 신학교 학생들과 사제들을 소팔가자로 불러들였다. 소팔가자는 '여덟 가구가 한 마을을 이루다'는 뜻을 가진 몽골의 아담한 도시다. 장춘에서 얼마 떨어지지 않은 이곳에서 안드레아와 토마스는 신학 수업을 이어가며 철학과 세계사를 공부했다.

페레올 주교는 안드레아와 토마스가 장차 교회의 큰 재목이 될 것이라 여겨 부제 서품식(성직자를 임명하는 의식)을 거행했다. 부제는 사제 바로 아래에 있는 성직자를 말한다.

"김대건 안드레아는 인간의 죄를 대신 속죄하고 봉사한 예수 그리스도의 길을 따르겠습니까?"

"기꺼이 주님의 길을 따르겠나이다."

"이제 김대건 안드레아는 본인의 자유 의지로 부제품을 받게 되었습니다. 성령과 지혜가 충만한 성직자로 거듭나기를 축원합니다."

"아멘."

발목까지 내려오는 흰색 수단(성직자가 입는 옷)을 걸치고 마룻바닥에 엎드린 안드레아의 얼굴에 뜨거운 눈물이 흘러내렸다. 이날 토마스 또한 신도들의 축복을 받으며 안드레아와 더불어 조선 최초의 부제로 임명되었다. 이때부터 둘은 김대건 안드레아 부제와 최양업 토마스 부제로 불렀다.

    김대건 부제에겐 북방을 통해 조선에 입국하는 길을 탐색하라는 특별 임무가 주어졌다. 한겨울에 훈춘을 거쳐 함경북도 경원까지 무려 이천 리를 걸어가야 하는 대장정이었다. 동행자라곤 중국인 안내자 한 명뿐이었다. 칼바람이 몰아치는 사막을 가로지를 땐 하룻밤 묵어갈 여관도 없었다. 다행히 유목민들이 움막에서 음식과 잠자리를 베풀어 주었다. 산간벽지 입구에 이르러선 이 지역 출신의 상인 두 명을 만났다. 둘은 주변 지리를 두루 꿰고 있었으며 험한 산중을 안전하게 지나갈 수 있는 방법도 알았다.

    "이곳에선 무리지어 다니는 게 사는 길이에요. 안 그러면 호랑이나 표범의 먹잇감이 되고 말아요. 이번 겨울에도 팔십 명의 사람과 백 마리 이상의 소와 말들이 맹수들에게 잡아먹혔다니까요?"

    상인들이 단지 겁주려고 하는 말은 아닌 듯 했다. 김대건 부제는 이들의 조언에 따라 무장한 여행자들이 되도록 많이 나타나기를 기다렸다가 숲으로 들어갔다. 실제로 동굴에서 기어 나온 호랑이를 마주친 적도 있었다. 호랑이는 사람들의 숫자가 많은 걸 보고는 금세 자취를 감췄다.

맹수들이 우글거리는 산림을 뚫고 나온 뒤에는 얼어붙은 호수를 건너야 했다. 목적지인 훈춘에 도착하기까지 한 달이 걸렸다. 훈춘과 경원에서는 일 년에 단 하루, 약 네다섯 시간 동안 중국과 조선의 공식 교역 시장이 열렸다. 평상시와 같다면 어느 쪽에서든 국경을 넘으면 노예가 되거나 가차 없이 죽임을 당했다.

훈춘에 도착한 지 팔 일째 되는 날 시장이 열렸다. 김대건 부제는 조선 밀사들과 만나기로 한 경원 읍내까지 말을 타고 들어갔다. 미리 약속된 대로 흰 손수건을 들고 허리에는 붉은색 차 주머니를 매달았다. 한참을 돌아다닌 끝에 네 명의 밀사를 만났다. 하지만 중국과 조선의 관리들이 눈을 번뜩이며 감시하고 있었다.

김대건 부제는 밀사들과 말 값을 흥정하는 것처럼 꾸미기로 신호를 보냈다. 그런 다음 천연덕스럽게 대화를 이어갔다.

"얼마면 되겠소?"

"팔십 냥이오."

"비싸네. 오십 냥만 받으시오."

"팔십 냥 이하로는 절대 안 되오."

양측 감시자들이 곧 의심을 거두고 다른 곳으로 눈을 돌렸다. 어느덧 시장이 철수할 시간이 다가오고 있었다.

"저희가 최선을 다해 신부님을 모시긴 하겠지만 북방을 통하는 것보다는 의주 쪽이 덜 위험할 것입니다."

"고맙습니다. 그럼 적당한 날짜를 정해 연락 주십시오."

김대건 부제와 네 명의 밀사는 주위를 살피며 대화를 나누었다. 조선의 참담한 현실을 전하는 대목에서 밀사들은 숨죽여 울기도 했다.

"잘들 가시고 다시 만납시다."

짧은 대화를 끝으로 맞잡은 손길에 뜨거운 설움이 솟구쳤다. 각자 군중 속으로 몸을 숨겨 나갈 땐 몇 번이고 뒤를 돌아보며 아무도 모르게 몰래 손을 흔들었다.

약속된 날짜가 되어 김대건 부제와 페레올 주교는 삿갓에

도포 차림을 하고 책문으로 나갔다. 의주까지 동행할 신자들이 기다리고 있었다. 그런데 이들의 표정이 매우 어두웠다.

"조정에서 이미 순교하신 프랑스 신부님들의 얼굴을 그려 사방에 붙이고 국경 수비대 경비를 강화했습니다. 서양인을 보는 즉시 체포하게 되어 있어 주교님을 모시기가 곤란해졌습니다."

삿갓으로 얼굴을 가려도 서양인의 외모를 감추는 데에는 한계가 있었다. 페레올 주교는 하는 수 없이 훗날을 기약하며 발길을 돌렸다.

"조선의 사정을 잘 돌아보고 후에 해로를 통해 들어갈 방법을 찾아 주게."

페레올 주교의 간곡한 당부였다. 김대건 부제는 어려운 길인 줄 알면서 조선 입국을 포기하지 않는 스승이 그저 고마울 따름이었다.

십 년 만에 조선에 귀국하기까지 우여곡절이 거듭됐다. 책문에서 의주와 평양을 거쳐 서울로 오는 데 보름이 걸렸다. 이

때 겪은 고난에 비하면 북방 입국로 개척을 위해 나섰던 만주 이천 리 왕복길은 가벼운 여행에 불과했다.

의주 근방에 이르렀을 때는 아직 해가 넘어가기 전이었다. 이곳까지 인도한 신자들과 작별하고 다음 안내자를 기다릴 차례였다. 김대건 부제는 읍내에서 두 시간 정도 떨어진 깊은 산중에 홀로 남아 밤이 되기를 기다렸다.

숲속 사방에는 눈이 쌓여 있었다. 시간은 더디게 흘렀다. 묵주 기도를 수없이 되풀이하며 바람에 입술이 얼어붙을 지경이 되어서야 읍내로 내려갈 수 있었다. 뽀드득 뽀드득. 눈길을 디디며 나는 발소리마저 신경 쓰였다. 신발까지 벗어 들고 맨발로 약속 장소에 갔으나 신자들의 그림자조차 보이지 않았다. 혹시나 싶어 읍내를 두 바퀴 더 돌았다. 적막한 거리엔 찬바람이 몰아쳤다. 배고픔과 추위에 지친 김대건 부제는 거름 더미 옆에 쓰러져 누웠다.

'다들 관군에게 붙잡힌 건가.'

머릿속에 온갖 상념이 소용돌이 치는 찰나였다.

"김대건 부제님?"

조심스럽게 한 그림자 무리가 다가왔다. 자세히 보니 서울에서 온 신자들이었다. 간발의 차이로 시간이 엇갈려 양쪽 모두 밤새도록 찾아 헤맨 것이었다. 김대건 부제는 그중 한 명과 동행해 아픈 다리를 끌고 세 시간을 걸었다. 겨우 말을 구해서 서울 석정동에 도착했을 때, 오장육부가 끊어질 듯했고 가슴, 배, 허리까지 안 아픈 데가 없었다. 이때는 헌종 즉위 11년째인 1845년 1월 15일이었다.

김대건 부제는 서울에 머무는 동안 조선에 왜 이런 비극이 일어났는지 교황청에 알리고자 했다. 신자들이 수집한 이야기와 어렵게 구한 자료를 토대로 〈조선 순교사와 순교자들에 관한 보고서〉를 작성하기 시작했다. 이 보고서는 훗날 조선 천주교의 유입 과정과 박해의 실상을 파악하는 데 도움이 되는 귀중한 자료로 남았다.

김대건 부제는 천주교가 이 땅에 들어온 배경부터 현재에 이르기까지 역사를 정리했다. 그 과정에서 천주교가 단지 제사를 금지하는 서양 종교라는 이유만으로 배척당한 게 아니라는 점을 꿰뚫어 보게 되었다.

 조선에서 천주교가 핍박당한 가장 큰 이유는 만인의 평등을 외치는 교리가 양반들의 비위에 거슬렸기 때문이다. 위정자들은 필요할 때마다 무고한 교인들을 희생해 자신의 세력을 유지하는 발판으로 삼았다.

 김대건 부제는 조선 천주교에 벌어진 비극의 실상이 권력

다툼 때문에 일어났음을 깨닫고 통한의 눈물을 흘렸다. 특히나 이번 기해박해로 순교한 이들의 이야기를 적어 내려갈 땐 비탄에 잠겨 몇 번이나 작업을 멈춰야만 했다.

"대개는 한강 새남터에서 공개 처형을 했지만, 밤중에 절두산으로 끌고 가서 살해한 뒤 시신을 강물에 던져 버리기도 했습니다. 그래서 무덤조차 없는 교우들이 태반입니다."

신자들은 조선에서 직접 보고 들은 이야기를 전하면서 목 놓아 울었다. 희생자 중에는 김대건 부제가 아는 이들이 태반이었다. 스승인 모방 신부, 친구 최양업의 부모, 그리고 아버지까지……. 김대건 부제는 순교자들의 상황을 기록하다 말고 몇 번이나 머릿속이 하얘졌다. 그럴 때마다 자신이 이 일을 하는 이유를 떠올리며 마음을 다잡곤 했다.

'지금 이 나라는 얼마나 불행한가!'

죄도 무덤도 없이 희생당한 사람들의 이름을 교회는 기억해야만 했다. 김대건 부제는 억장이 무너졌지만 조선 천주교 박해의 참혹한 실태를 꿋꿋이 적어 내려갔다. 하지만 신자들을 고문하는 기구를 묘사하는 대목에 이르러선 견딜 수가 없었다. 아버지를 떠올리며 김대건 부제는 기어코 눈물을 쏟고 말았다.

김대건 부제의 생활을 살펴 주던 석정동 신자들도 걱정이 많았다.

"부제님 몸도 성치 않은데 저렇게 무리해도 되는지 모르겠네요."

"그 몸으로 대체 몇 가지 일을 하는지, 잠도 잘 못 주무시는 것 같아요."

"우르술라 자매님을 모셔 오는 건 어떨까요? 부제님 어머님 말이에요."

당시 김대건 부제의 어머니 우르술라는 여기저기 떠돌면서 걸식으로 겨우 목숨을 이어 가는 형편이었다.

하루는 신자들이 조심스럽게 의중을 물었다.

"교우들한테 연락해서 우르술라 자매님을 찾아 보라고 할까요?"

하지만 김대건 부제는 단호하게 말했다.

"내가 입국한 사실을 누구한테도 알리지 마십시오."

물론 김대건 부제도 어머니를 만나고 싶은 마음이 굴뚝 같았다. 하지만 자신의 사적인 일보다 공적인 임무를 우선으로 둘 수 밖에 없었다.

석정동에선 매일 비밀리에 집회를 열었다. 김대건 부제는 소년 두 명을 선발해 예배를 주관하는 틈틈이 둘에게 천주교 교리를 가르쳤다. 이 땅에서 순교한 스승 모방 신부의 죽음이 헛되지 않도록 조선 신학교에 유학생을 보낼 계획이었다. 한편으로는 페레올 주교가 안전하게 입국할 수 있는 해로를 개척하기 위해 백방으로 배를 구하러 다녔다.

그로부터 네 달 뒤에 김대건 부제는 열한 명의 신자들과 함께 작은 목선을 타고 상해로 떠났다. 지금 타고 가는 목선이 바다를 항해한 적이 없는 배라는 것을 알고 신도들이 수군댔다.

"이렇게 엉성한 배를 타고 상해까지 갈 생각을 하다니, 부제님은 용감한 건지 무모한 건지 알 수가 없어."

사흘 밤낮으로 풍랑을 만난 배가 뒤집어지려 하자 열한 명의 신자들은 기함을 했다.

"나는 걱정 안 합니다. 하느님이 우릴 지켜 주실 테니까요."

김대건 부제는 두려움에 떠는 신자들을 위로하고 격려했다. 하지만 거센 풍파가 일자 돛대가 무너지고 방향키마저 부서졌다. 배 안에 있는 나무로 돛과 키를 만들고 식량마저 바다에 던져버린 채 가까스로 항해를 이어 갔다.

도중에 배 한 척을 발견해 김대건 부제는 구조를 요청했다. 처음에 거절했던 선장은 김대건 부제가 돈을 내밀자 마지못해 일행을 배에 태웠다. 부서진 배를 뒤에 매달고 어렵사리 항해하던 중 어느 해안에선 해적들을 마주쳤다.

"너희가 갖고 있는 물건을 다 내놓지 않으면 목숨을 내놓아야 할 것이다."

해적 우두머리가 선장을 협박하는 걸 보고 김대건 부제가 선장에게 말했다.

"가까이 오면 저들의 배를 폭파하겠다고 하시오."

선장은 김대건 부제의 말을 전하며 총을 빼들었다. 그제야 해적들은 슬금슬금 꽁무니를 뺐다.

배는 다시 칠 일 동안 아슬아슬하게 항해한 끝에 상해에서 가까운 오송에 닻을 내렸다.

"우린 입항을 허락한 적이 없소. 육로를 통해 돌아가시오."

이번엔 오송 지역 관리가 다가와 으름장을 놓았다. 때마침 근처에 있던 영국 군함에서 지위가 꽤 높아 보이는 군인들이 내려왔다. 김대건 부제는 그들에게 영어로 말을 걸었다.

"우린 조선 사람인데 선교사들을 모시러 왔습니다. 혹시 중국인들의 위협을 피해 우릴 당신네 영사관까지 안내해 줄 수 있겠습니까?"

"원하신다면 상해까지 우리가 모셔드리지요."

영국 군인들이 친절하게 말했다.

김대건 부제는 신자들을 데리고 영국 배에 올라 상해로 향했다. 타고 온 배는 수리해서 상해로 가져오도록 했다.

"저 조선인은 누구길래 서양말을 저렇게 잘하는 거지?"

김대건 부제를 의심쩍게 보던 오송 관리들은 이 일을 상해 지방 관청 책임자에게 알렸다. 상해 관청 측에선 남경조약 당시 세실 함장과 동행했던 동양 청년을 떠올렸다. 이후 관리들은 쌀과 고기를 배로 보내면서 부하들을 시켜 이것저것 정탐하게 했다.

상해에 도착한 후 김대건 부제는 페레올 주교에게 쓴 편지를 어떻게 마카오에 전할지 영국 영사와 논의했다. 조선에서 팔 만한 서양 옷감이나 비단, 은 등 선교 자금으로 활용할 수 있는 물건들에 관한 편지였다. 영국 영사는 프랑스 영사관을 통해 페레올 주교에게 편지를 전달해 주기로 약속했다.

볼일을 마치고 배가 있는 곳으로 돌아왔는데 웬 구경꾼들이 배 안을 기웃거리고 있었다.

"썩 물러들 가시오!"

김대건 부제는 구경꾼들을 내쫓았다. 그리고 선원들을 심문하고 있던 관리들에게 다가가 중국어로 꾸짖었다.

"당신들은 불법으로 내 배를 침범했습니다. 정식으로 항의하겠소."

김대건 부제는 경고를 하며 상해 관청에서 보낸 쌀과 고기를 전부 돌려보냈다. 이후 상해의 관리들은 김대건 부제를 '괴상한 사람'이라 부르며 함부로 대하지 못했다. 며칠 후 김대건 부제의 편지를 받은 페레올 주교가 마카오에서 상해로 왔다.

1845년 8월 17일.

상해에서 이삼십 리 떨어진 아담한 성당에서 거룩한 의식이 거행되었다. 네 명의 프랑스인 신부와 한 명의 중국인 신부가 집행하는 의식의 주인공은 바로 김대건 안드레아였다. 김대

건 부제는 이날 신품 성사(부제를 사제로 임명하는 의식)를 받아 신부가 되었다. 우리나라 최초의 사제가 탄생한 역사적인 날이었다.

한편으로 한국인 최초의 영세자 이승훈이 중국에서 영세를 받은 지 61년 만에 벌어진 경사였다. 1783년 이승훈은 북경 사절단의 일원인 아버지를 따라 북경에 머물면서 천주교 교리를 익혔고 영세를 받아 조선에 돌아왔다. 이후 이승훈은 초창기 조선 천주교회 지도자로 활동하며 신도들을 이끌었다. 1801년 이승훈이 신유박해로 순교한 이후 조선 천주교회는 단 한 명의 성직자도 배출해 내지 못했다. 그런 상태에서 평신도끼리 신앙을 이어온 건 전 세계 천주교 역사상 유례가 없는 일이었다.

일주일 후 김대건 신부가 주도하는 첫 미사가 열렸다. 김대건 신부는 조선에서 온 열한 명의 신도들과 중국인 교우들 앞에서 강론을 펼쳤다.

"축하합니다, 신부님!"

"빨리 조선으로 돌아가 기쁜 소식을 전해야지요."

조선에서 온 신도들은 김대건 신부가 자랑스러워 그날 하루를 축제처럼 보냈다.

그렇소,
나는 천주교인이오

1845년(헌종 11년) 8월 31일.

김대건 신부가 개척한 바닷길을 통해 페레올 주교와 그를 보좌할 다블뤼 신부가 조선으로 입국하는 날이다. 김대건 신부와 열한 명의 신자를 상해로 태우고 갔던 목선에는 구약성경에 나오는 대천사 라파엘이라는 이름이 붙었다. 라파엘호를 타고 일행은 다시 조선으로 향했다.

원래 라파엘호의 목적지는 서울이었으나 역풍에 밀려 이리저리 표류하다 목적지와 다른 방향으로 흘러갔다. 며칠 후 라파엘호는 가까스로 제주도 근방의 섬에 닻을 내렸다.

"서울로 곧장 가지 않고 제주도에 표착한 게 도리어 우리를 살렸습니다."

한 신도가 뜻밖의 소식을 전했다. 남쪽 지방에 영국 배 한 척이 나타나 조정이 또 한 번 발칵 뒤집혔다는 이야기였다. 더군다나 라파엘호가 조선을 떠날 때 식량을 싣는 걸 보고 사람들이 외국으로 밀항하는 배라며 소문을 퍼뜨렸다고 한다.

페레올 주교는 그 말을 듣고 계획을 바꿨다. 새로 정한 목적지는 전라도와 충청도에 인접한 강경의 교우촌이었다. 페레올 주교와 다블뤼 신부가 이곳에서 선교 활동을 하는 동안 김대건 신부는 서울과 경기도, 충청도 일대에 흩어져 사는 교우들을 찾아다녔다.

"서양 신부님들도 훌륭하지만 말이 안 통할 때가 많아서 답답했는데, 우리 신부님은 말솜씨도 좋은 데다 우리 이야기를 잘 들어주시니 얼마나 좋은지 모르겠습니다."

김대건 신부는 가는 곳마다 신자들의 환영을 받았다. 가까스로 살아남은 은이 공소 사람들은 어린 재복이가 신부가 되어 돌아오자 감격의 눈물을 흘렸다. 폐허가 된 골배마실에선 십 년 만에 김대건 신부와 어머니 우르술라의 모자 상봉이 이루어졌다. 멜라니아 할머니는 이미 세상을 떠난 뒤였다.
 "얼마나 고생이 많으셨습니까, 어머니."
 "장합니다, 우리 신부님……."
 모자는 부둥켜안은 채 말을 잇지 못했다. 아들은 어머니가 겪었을 험난한 세월이 안타까워 가슴이 미어졌다. 어머니는

아들이 대견하면서도, 하늘에서 지켜보고 있을 지아비가 눈에 밟혀 설움이 복받쳤다.

김대건 신부가 골배마실에 머문 기간은 넉 달 남짓이었다. 당시 페레올 주교와 다블뤼 신부는 서울에 머물고 있었다. 골배마실에 있는 동안 김대건 신부는 사목 활동 때문에 바빠 어머니와 많은 시간을 보내지 못하고 떠나야 했다.

"곧 부활절인데……."

어머니는 떠날 채비를 하는 아들을 차마 붙잡지는 못하고 말끝을 흐렸다. 아들이 부활절 미사를 집전하는 모습을 직접 보고 싶었던 것이다. 김대건 신부는 어머니의 그 작은 소망마저 마다할 수 없었다. 결국 그는 조선에서 첫 부활절을 맞이하며 어머니 앞에서 미사를 집행했다.

"사람 위에 사람 없고 사람 밑에 사람 없습니다. 이것이 진리이자 정의입니다. 우리 벗님들 모두에게 예수님의 사랑이 충만하기를 축원합니다."

김대건 신부의 강론이 시작되자 은이 공소 여기저기서 흐느끼는 소리가 들렸다. 김대건 신부는 가진 게 없어서, 신분이

낮아서 설움 받는 삶을 살아온 이들을 '벗님'이라 칭했다.

"우리 신부님은 말씀도 참 은혜롭지, 훤칠하니 잘 생겼지! 이 어미는 이제 죽어도 여한이 없습니다."

어머니 얼굴에 활짝 밝은 웃음이 번졌다.

"그렇게도 좋으세요, 어머니?"

"그럼 그럼! 좋고말고!"

이것이 마지막 만남이 될 줄은 어머니도 아들도 몰랐다.

1846년(헌종 12년) 5월 14일.

배 한 척을 빌린 김대건 신부는 일곱 명의 뱃사람을 이끌고 조기잡이가 한창인 서해로 향했다. 페레올 주교의 지시로 메스트르 신부와 최양업 부제를 입국시킬 해로를 탐색하기 위해서였다.

이 무렵 메스트르 신부와 최양업 부제는 요동에 머물고 있었다. 의주나 경원 방면을 통한 육로 입국은 경비가 더욱 삼엄해진 탓에 위험했다. 달리 중국에 연락할 방법도 없었다.

'그래, 저거다!'

백령도 앞바다를 가득 채운 중국 어선을 본 순간 김대건 신부는 무릎을 탁 쳤다. 우선 종이를 꺼내 서해안 뱃길을 지도로 그렸다.

"양반집 자제인 줄 알았더니 그림 솜씨가 제법이네그려. 화공이오?"

선주 임성룡이 고개를 갸웃하며 다가왔다.

"주변 풍광이 좋아 소일거리 삼아 그려 본 것뿐이오."

김대건 신부는 짧게 대꾸하곤 하던 일을 계속했다. 잠시 후 배가 등산진 포구에 닿자 뱃사람들은 조기를 사들였다. 순위도에서 팔아 이문을 남기려는 속셈이었지만 생각보다 조기는 거의 팔리지 않았다. 선주 임성룡과 뱃사람들은 조기를 소금에 절여 놓고 다시 배를 몰았다.

백령도에 닿았을 땐 저녁 무렵이었다. 김대건 신부는 인상이 선해 보이는 중국인 선주에게 다가가 말을 걸었다.

"중국엔 언제 돌아가십니까?"

"조기잡이 철이 끝나가니 이달 말에는 돌아가야지요."

"그럼 혹시 중국에 가면 이 편지와 물건들을 전해 줄 수 있습니까?"

"그러지요."

선주는 흔쾌히 응했다. 김대건 신부가 선주에게 건넨 건 메스트르 신부를 비롯해 세 명의 선교사와 중국 신도들에게 보내는 편지, 서해 바다 연안의 섬들의 그림과 주의 사항을 적은 두 장의 지도, 페레올 주교가 선교사들에게 쓴 편지 등이었다.

다시 순위도로 돌아올 때까지만 해도 모든 일이 순조롭게 돌아가는 듯했다. 그런데 순위도에서 출발하려고 할 때 뱃사람들이 갑자기 난감한 표정을 지었다.

"생선을 말려서 가져가야 해서 오늘 출발은 어렵습니다."

김대건 신부는 어쩔 수 없이 순위도에 하루 더 머물게 되었다. 그날 등산진 관장이 포졸들을 거느리고 왔다.

"중국 배들을 쫓아버려야 하니 이 배를 내줘야겠소."

김대건 신부는 다짜고짜 배를 내놓으라는 관장에게 딱 잘라 말했다.

"양반의 배를 무단으로 갖다 쓰는 건 법률에 어긋나는 일이오. 배를 빌려 줄 수 없소."

김대건 신부는 자신을 보좌하는 신자가 관리들을 상대할 때 쓰라고 알려 준 요령대로 말했다.

"뭐라?"

졸지에 무안을 당한 관장은 선주 임성룡과 뱃사람 한 명을 잡아다 닦달했다. 결국 뱃사공 중 한 명의 가족이 천주교인이라는 사실을 알아냈다.

"저자는 필시 조선인이 아닐 것이다. 수상한 게 한두 가지가 아니니 당장 잡아와라!"

관장은 곧 포졸들을 보냈다. 김대건 신부는 오랜 외국 생활이 몸에 밴 탓에 간혹 외국어 억양이 튀어나왔다. 또 짧은 머리를 검은 모자로 싸맨 뒤 상투처럼 위장하고 갓을 써 어색한 구석이 있었다. 배로 달려온 포졸들은 김대건 신부의 상투부터 잡아 뜯었다.

"어라?"

짧은 머리카락이 드러나자 포졸들이 기함을 했다. 그 시절에 상투를 틀지 않은 성인 남자란 상상할 수도 없는 일이었다.

"양반 좋아하네. 중국 놈이!"

　　포졸들은 김대건 신부의 옷을 끌고 발길질하면서 관장 앞으로 끌고 갔다. 애초부터 김대건 신부를 미심쩍게 봤던 관장은 놀랄 것도 없다는 듯 포졸들에게 명을 내렸다.
　"저 짐 보따리를 끌러라."
　보따리를 풀어헤치자 여러 중국 물건들 가운데 성모와 아기 예수상이 그려진 비단 조각이 떨어졌다. 관장이 물었다.

"당신은 천주교인인가?"

"그렇소. 나는 천주교인이오."

관장의 얼굴엔 잔인한 미소가 번졌다. 포졸들에게 죄인의 목에 씌우는 칼을 가져오도록 시키고 김대건 신부 스스로 칼을 목에 쓰게 했다.

"봐라, 저게 무슨 양반이냐?"

관장과 그의 졸개들은 김대건 신부를 마음껏 조롱하며 옥에 가두었다. 손과 발, 목과 허리가 밧줄로 꽁꽁 묶여 앉을 수도 누울 수도 없는 상태가 됐다. 닷새 뒤에 김대건 신부는 황해 감영으로 끌려가 지독한 문초를 받았다.

선주 임성룡과 뱃사람들은 김대건 신부가 중국 어선에 편지를 전했으며 계속 지도를 그렸다고 진술했다. 결국 이 진술이 김대건 신부의 운명을 갈랐다. 스스로 천주교인이라고 밝힌 것으로도 목숨이 위태로운 판국에 조선 지도를 해외로 유출하려고 한 사실이 드러났으니 대역죄를 면치 못할 상황이었다.

김대건의 순교

　김대건 신부는 의금부에서 여섯 차례에 걸친 문초를 받고 마흔 차례의 진술을 해야 했다. 심문관들은 처음에 김대건 신부를 중국인이라 생각했다. 황해 감사의 보고서에 외국인이라고 쓰여 있었기 때문이다. 김대건 신부 또한 서울에 압송되기 전까진 중국인 행세를 했다. 페레올 주교와 다블뤼 신부가 몸을 피할 수 있도록 최대한 시간을 끌기 위해서였다.

　의금부가 심문하는 과정에서 김대건 신부가 조선인이라는 사실이 밝혀지자 더욱 혹독한 고문이 가해졌다. 심문관들이 중국 어선에서 압수한 편지의 수신인인 프랑스 선교사들에 대해 묻자 김대건 신부는 이렇게 대답했다.

"그분들은 서양에서 유명한 학자들이오."

김대건 신부는 페레올 주교가 쓴 편지를 자신이 직접 쓴 것이라 주장하며 글씨를 비슷하게 써 보였다. 라틴어를 모르는 심문관들은 그 말을 곧이곧대로 믿을 수밖에 없었다. 숨어 있는 천주교인들의 이름과 주소를 대지 않으면 당장 죽이겠다고 협박도 했다. 그러자 김대건 신부는 조용히 웃으며 대답했다.

"그것은 이웃사랑의 의무를 저버리는 일이오. 나는 사제로서 계명에 어긋나는 말이나 행동은 일체 하지 않을 것이오."

한 심문관이 김대건 신부에게 물었다.

"천주교란 대체 어떤 것이냐?"

"인간을 두루두루 사랑하고, 평등과 정의를 실현하는 종교이지요."

심문관은 김대건 신부의 설명을 듣고 잠시 생각에 잠겼다. 그리고 자기도 모르게 중얼거렸다.

"거참, 좋은 종교로군."

김대건 신부는 곧바로 그 말을 받았다.

"그렇다면 우릴 내버려둘 것이지 어째서 종교의 자유를 가로막는 것이오? 당신들은 천주교가 좋다고 인정하면서 천주교인을 괴롭히고 있으니 모순에 빠진 것이오."

머쓱해진 심문관은 그저 말없이 압수한 물건들을 하나씩 꺼내 보았다. 중국인 교우들에게 한자로 유려하게 쓴 편지를 보고는 '역시 중국인이었나?' 싶어 의혹의 눈길을 보냈다. 선교사들에게 쓴 라틴어 편지가 나왔을 때에는 김대건 신부에게 편지를 해석해 달라고 요구했다. 김대건 신부는 교회에 해가 될 내용을 제외하고 편지의 내용을 막힘없이 읊었다. 심문관은 서양인과 자유롭게 소통할 수 있는 김대건 신부의 능력에 다시 한 번 놀랐다. 프랑스어로 표기한 조선 지도를 돌려본 후에는 '지리학자인가?' 반신반의하기도 했다.

심문관은 옥중에 있는 김대건 신부에게 의금부에서 입수한 영국의 세계 지도를 번역해 달라고 요청하기도 했다. 김대건 신부는 지도에 나와 있는 영어와 라틴어를 한자로 번역한 뒤 오대양 육대주를 알아보기 쉽게 색칠까지 해 주었다.

"외국어 실력이 대단하군. 그럼 직접 세계 지도도 만들 수

있겠나?"

심문관이 묻자 김대건 신부는 선뜻 할 수 있다고 대답하며 이렇게 말했다.

"내가 당신들에게 협조하는 이유는 이 나라가 외국인을 그저 내쫓아야 할 원수로만 여기기 때문이오. 조선은 강대국들 사이에 둘러싸여 있소. 눈을 크게 뜨고 주변을 둘러보아야 비로소 부강한 나라가 될 수 있을 것이오. 두 장의 지도 가운데 하나는 왕을 위해 바치는 것이오."

세계 지도는 김대건 신부가 조국에 바치는 마지막 선물이었다. 심문관은 지도를 헌종에게 바치고 김대건 신부에게 지리학에 대한 간단한 해설서를 집필해 달라고 요구했다. 일전에 김대건 신부는 서양 선교사를 위해 매우 구체적이고 정확한 '조선 전도'를 제작할 만큼 지리학에 박식했다. 이때 김대건 신부가 옥중에서 쓴 지리학 해설서는 서양에 대한 이해가 부족한 조선에 무척 유용한 자료로 남았다.

"김대건은 천주학에 물들긴 했으나 세계 각국의 문물에 대한 지식이 풍부할 뿐더러 서양 언어를 두루 꿰고 있습니다. 아직 우리는 저들에 대해 아는 것이 많지 않으니 김대건의 지식은 분명 나랏일에 크게 도움이 될 것입니다."

김대건 신부의 재능을 높이 평가한 몇몇 관리들은 헌종에게 구명을 청하기도 했다. 헌종은 내심 이들의 의견에 동조해 차일피일 처분을 미루었다. 그러자 조대비를 위시한 풍양 조씨 일파는 당장 처형을 집행하라고 아우성쳤다.

"김대건은 서양인들과 내통한 사악한 천주교인이며 나라를 배반한 역적입니다. 이런 흉악한 자를 잠시라도 숨 쉬게 냅둘 순 없습니다."

왕은 성년이 되었지만 여전히 뜻대로 할 수 있는 게 아무것도 없었다. 조 대비는 그를 낳아 준 생모였고 풍양 조씨 일파의 수장이었다. 이전까지 실권을 장악했던 대왕대비 순원왕후는 오라버니 김유근이 세례까지 받은 천주교인이었기 때문에 비교적 천주교에 관대한 편이었다. 순원왕후와 김유근이 죽은 뒤 정권을 잡은 풍양 조씨는 안동 김씨에 대한 정치적 보복의 일환으로 헌종을 압박해 천주교를 박해했다. 결국 왕실의 세력 다툼이 천주교 박해의 비극을 몰아온 것이다.

김대건 신부는 이러한 천주교 박해의 실상을 이미 꿰뚫고 있었다. 체포되기 전 리부아 신부에게 보낸 편지에 대체로 왕은 천주교 박해에 적극적이지 않으며, 조정의 당파 싸움 때문에 천주교인이 희생되고 있다고 서술한 바가 있다.

김대건 신부는 심문 과정에서 차마 글로 표현할 수 없을 만큼 가혹한 고문을 당했지만, 자신에게 형벌을 가한 이들을 원망하지 않았다. 다만 조국의 암담한 현실을 염려할 뿐이었다.

옥중에서 김대건 신부는 세 통의 편지를 썼다. 하나는 조선 교우들을 위해 한글로 쓴 편지였고, 나머지 두 통은 선교사들에게 라틴어로 보낸 편지였다. 친구 최양업 부제와 스승인 페레올 주교에게 작별인사를 전하는 편지에는 어머니를 향한 걱정과 위로를 함께 담았다. 어머니를 두고 떠나야만 하는 아들의 슬픔과 간절한 바람이 절절하게 묻어났다.

지극히 사랑하는 나의 형제 토마스여, 잘 있게.
이후 천당에서 다시 만나세.
내 어머니 우르술라를 특별히 돌보아 주기를
그대에게 부탁하네.

- 1846년 7월 30일,
옥중에서 김대건 신부가
최양업 부제와 신부들에게 보낸 편지

주교님, 저의 어머니 우르술라를 잘 부탁드립니다.
저의 어머니는 십 년 동안 떨어져 있던 아들을
불과 며칠 만나 보았을 뿐인데,
또다시 갑작스럽게 잃고 말았습니다.
슬픔에 잠긴 어머니를 잘 위로해 주시기를
간절히 바랍니다.

- 1846년 8월 26일,
옥중에서 김대건 신부가
페레올 주교에게 보낸 편지

옥중에 있는 동안 김대건 신부는 교회를 위험에 빠뜨릴 만한 말은 단 한마디도 꺼내지 않았다. 덕분에 페레올 주교와 다블뤼 신부는 김대건 신부가 순교한 뒤에도 조선에서 포교 활동을 이어갈 수 있었다.

페레올 주교는 1853년에 병으로 죽기까지 약 칠 년 동안 조선 천주교회를 이끌었다. 그동안 조선에서 일어난 천주교 박해의 실상을 교황청에 보고해 김대건 신부를 비롯한 82인의 순교자를 가경자(죽은 사람의 신앙과 덕행을 교황청에서 공식으로 인정하는 일)로 선포하는 데 결정적인 역할을 했다. 다블뤼 신부는 이후 조선 제5교구장으로 임명되어 이십 년간 복음을 전파했다. 이후 페레올 주교는 1866년(고종3년) 수천 명의 천주교인이 희생된 병인박해로 순교했다.

1846년 9월 16일.

김대건 신부는 많은 사람들이 지켜보는 가운데 만 25세의 나이로 한강 새남터에서 의연하게 죽음을 맞았다.

"마지막으로 할 말이 있는가?"

사형 집행인의 물음에 김대건 신부는 이렇게 대답했다.

"나의 마지막 때가 이르렀으니 여러분은 내 말을 똑똑히 들으십시오. 내가 외국인들과 교섭한 건 나의 종교와 나의 하느님을 위한 일이었습니다. 나는 천주를 위하여 죽는 것입니다. 이제 영원한 생명이 내게 시작될 것입니다. 여러분이 죽은 뒤에도 행복하기를 원한다면 천주교를 믿으십시오."

열두 명의 망나니가 칼춤을 추기 시작했다. 곧 자줏빛 조끼가 검붉은 피로 물들었다. 어떤 이들은 차마 그 끔찍한 광경을 볼 수 없어 저만치 떨어진 곳에 주저앉아 흐느꼈다. 마침내 여덟 번째 망나니의 칼끝에 김대건 신부가 쓰러졌다. 노을이 짙게 진 한강변에 숨죽인 울음소리가 울려 퍼졌다. 성인(聖人)이 되어 하늘에 오른 아들이 마지막까지 애달프게 그리워했던 어머니가 흐느끼는 사람들 틈에 있었는지, 아니면 그 시간에도 포졸들에게 쫓기고 있었는지는 전해지지 않는다.

작가의 말

신념의 힘

저는 김대건 신부님이 탄생한 솔뫼마을에서 가까운 초등학교를 다녔습니다. 해마다 봄가을이면 걸어서 합덕 성당으로 소풍을 갔지요. 백 년의 역사를 간직한 합덕 성당은 충청남도 기념물 제145호로 지정된 아름다운 문화유산입니다.

이 성당을 떠올리면 제일 먼저 붉은 벽돌 건물 양편으로 뾰족 솟은 두 개의 첨탑과 소나무 숲 안쪽에 늘어선 비석들이 생각납니다. 그 비석들은 천주교 성직자와 신도들의 희생을 기리는 순교비라고 초등학교 때 선생님이 말해 줬었지요.

소풍날 보물찾기가 시작되면 친구들은 순교비가 있는 곳으로 몰려가곤 했습니다. 너른 잔디밭에 세워진 비석들 주변으로 크고 작은 돌무더기가 쌓여 있었어요. 보물을 숨기기엔 더없이 좋은 장소였지요. 그런데 저는 그곳에서 보물을 찾아본 경험이 거의 없습니다. 비석의 주인들이 고통스러운 형벌을 받고 참혹하게 죽어 간 사실을 알았기 때문이에요. 비석에 새겨진 날짜도 보면 대부분 같은 날이었어요. 그 사실을 안 이후 무서워서 순교비 근처에 갈 엄두조차 나지 않

았어요. 소풍에서 돌아오는 날이면 머리 없는 귀신들이 성당 주변을 배회하는 악몽을 꾸기도 했어요.

'종교 때문에 자신이 죽게 될 걸 알면서도
어째서 그분들은 천주교를 저버리지 않았을까?'

어린 시절 줄곧 뇌리에서 떠나지 않던 질문이었습니다. 이에 대한 답을 김대건 신부의 일생을 통해 찾게 되었어요.

지금은 누구나 신앙을 갖거나 갖지 않을 자유가 있지만 이백 년 전 조선은 그렇지 않았습니다. 특히 조선 땅에서 천주교는 서양 오랑캐의 종교로 낙인찍혀, 끔찍한 방법으로 신자들의 목숨을 앗아 갔어요.

종교의 자유란 인간으로서 마땅히 누려야 할 권리라고 김대건 신부는 외쳤습니다. 그 외침 덕에 조선에서 꺼져 가던 천주교의 불꽃이 다시 피어났어요. 정의롭고 평등한 세상을 이루기 위해 고군분투한 김대건 신부의 삶은 신념의 힘이 얼마나 위대한지 깨우쳐 줍니다.

짧지만 뜨거운 삶을 살다 간 김대건 신부의 발자취를 돌아보는 일이 여러분에게도 의미 있는 시간으로 남기를 바랍니다.

신영란

김대건 연표

1801년 신유박해 — 순조가 즉위한 해에 섭정을 하게 된 정순왕후가 천주교 탄압을 시작하다. 김대건 신부의 조부 김택현의 부친이 신유박해로 순교하다.

1821년 — 충청남도 당진 솔뫼마을에서 김택현의 둘째 손자로 김대건 신부가 태어나다.

1836년 — 김대건 신부가 머물던 골배마실에 피에르 모방 신부가 방문하며 한국 최초의 조선 신학교 유학생으로 선발되다. 최양업 토마스와 최방제 프란치스코를 만나 함께 마카오로 가는 유학길에 오르다.

1837년 6월 — 압록강을 건너고 요동을 가로질러 마카오에 도착하다. 약 4년 동안 라틴어를 비롯한 신학 교육을 받다.

1837년 12월 — 함께 유학을 왔던 동기 최방제 프란치스코가 열병으로 세상을 떠나다.

1839년 기해박해 — 헌종 즉위 후 풍양 조씨 세력이 신정왕후를 주축으로 천주교 박해를 강화하다. 모방 신부를 포함한 세 프랑스인 선교사와 김대건 신부의 아버지 모두 기해박해로 순교하다.

1839년 — 필리핀의 수도 마닐라 근처에 있는 성 도미니크 수도원에서 대학 과정의 사제 수업을 받다.

1842년 8월 — 아편 전쟁 종결을 위한 영국과 청나라의 남경조약 체결 현장에 참관하다.

1842~1844년 — 유학을 마친 후 청나라를 거쳐 조선에 입국을 시도하다. 의주에서 검문이 심해 귀국을 포기하고 장성에 돌아와 메스트르 신부 문하에서 신학을 연구하다.

1844년	최양업 토마스와 함께 부제 서품을 받다.
1845년 1월	책문에서 조선에서 온 밀사들을 만나 압록강을 건너 십 년 만에 조선에 들어오다. 〈조선 순교사와 순교자들에 관한 보고서〉를 작성하고, 박해로 인해 혼란스럽던 조선 천주교회를 수습하다.
1845년 8월	상해 근처 성당에서 신품 성사를 받다. 우리나라 최초의 사제로 임명받으며 첫 미사를 올리다.
1845년 9월	페레올 주교, 다블뤼 신부와 함께 조선에 입국하다. 제주도를 거쳐 강경의 교우촌에서 선교 활동을 이어가다. 남편과 사별 후 박해를 피해 전전하던 어머니와 재회하다.
1846년 6월	황해도에서 편지와 지도를 중국 배에 전달하다가 순위도 등산진에서 체포되다. 서울로 압송된 뒤 정부의 요청을 받아 옥중에서 영국의 세계 지도를 우리말로 번역하고 세계 지리에 관한 책을 편찬하다.
1846년 9월 16일	천주교를 믿는다는 죄로 참수형을 선고받고, 한강 새남터에서 처형되다.
1984년 5월	교황 요한 바오로 2세가 성인으로 선포하다.
2019년	2019년에 유네스코 제40차 총회에서 2021년 세계기념인물로 선정되다.

인물이야기 ❸
우리나라 첫 번째 신부 김대건

1판 1쇄 인쇄 | 2021. 8. 31.
1판 1쇄 발행 | 2021. 9. 7.

신영란 글 | 나수은 그림

발행처 김영사 | **발행인** 고세규
편집 김유영 | **디자인** 윤소라 | **마케팅** 서영호 | **홍보** 박은경 조은우
등록번호 제 406-2003-036호 | **등록일자** 1979. 5. 17.
주소 경기도 파주시 문발로 197(우10881)
전화 마케팅부 031-955-3100 | 편집부 031-955-3113~20 | 팩스 031-955-3111

© 2021 신영란, 나수은
이 책의 저작권은 저자에게 있습니다. 저자와 출판사의 허락 없이 내용의 일부를 인용하거나 발췌하는 것을 금합니다.

값은 표지에 있습니다.
ISBN 978-89-349-8019-3 74080
ISBN 978-89-349-9586-9 74080 (세트)

좋은 독자가 좋은 책을 만듭니다. 김영사는 독자 여러분의 의견에 항상 귀 기울이고 있습니다.
전자우편 book@gimmyoung.com | 홈페이지 www.gimmyoungjr.com

어린이제품 안전특별법에 의한 표시사항
제품명 도서 제조년월일 2021년 9월 7일 제조사명 김영사 주소 10881 경기도 파주시 문발로 197
전화번호 031-955-3100 제조국명 대한민국 ⚠주의 책 모서리에 찍히거나 책장에 베이지 않게 조심하세요.